第❸课

迈入婚姻期

最好的关系就是彼此成就

大多数的夫妻都是在一种极其甜蜜的状态下走入婚姻的。然而，爱情很短，生活却很长，恋爱时的彼此吸引与欣赏，很快就会随着现实中的柴米油盐而逐渐变淡，甚至消失，来自生活各方面的压力也会不知不觉地消磨你的爱情和激情，让婚姻的色彩逐渐暗淡，婚姻中的各种问题也随之而来。可是，婚姻就像"合伙开公司"，没有人是在创业时就想要失业的。想让你的婚姻顺利、长久地进行下去，不能只靠一个人的付出和牺牲，而是需要两个人共同努力，互相理解。即使期间状况百出，只要方法得当，也仍然可以渡过难关，彼此成就，从而营造出最好的婚姻关系。

第❹课

家庭融合期

与家人的关系决定你的
婚姻幸福指数

我们常说，恋爱是两个人的事，婚姻却是两个家庭的事。两个人从恋爱到组成家庭，就好像成立了一个属于彼此的"小公司"，而这个"小公司"最重要的"外交"，恐怕就是与双方家人之间的相处了。我相信每一位迈入婚姻的人，都希望自己能与对方的家人和睦相处，但现实往往却是一地鸡毛：与自己父母的矛盾、"妈宝男"老公、缺乏边界的婆婆……这些都会让你应接不暇。这也提醒我们，要真正融入一个家庭并不容易，你也只有处理好各种家庭关系，才能拥有幸福的婚姻。

第 5 课

辛苦育儿期

第一次当妈，安全的依恋关系贵比黄金

日本作家伊坂幸太郎曾说过这样一句话："一想到为人父母居然不需要经过考试，就觉得真是太可怕了。"的确，我们都没有接受过专业的育儿训练，就这么"无证上岗"了，并在养育孩子的过程中战战兢兢，如履薄冰。尤其是女人，既要承受十月孕育的辛苦，还要承担孩子出生后大部分的照顾工作。都说"女子本弱，为母则刚"，但孕育生命是我们的一种选择，并不是我们必须担负的责任和使命。第一次当妈妈，我们不必苛求完美，有真实的需求，有真实的情绪，反而更容易与家庭、与孩子建立亲密的关系。

第 6 课

遭遇青春期

重构你与孩子的亲子关系

对于女人来说，在家庭中，除了与伴侣之间的关系外，最重要的就是与孩子的关系了。在我接触的许多个案中，我发现，那些与父母关系融洽的孩子，往往更独立、更自信、更乐观，处理各种问题的能力也更强；相反，如果父母过于强势或对孩子缺乏界限感，孩子也容易出现这样那样的问题。尤其当妈妈的更年期遭遇孩子的青春期时，妈妈与孩子的关系就会更加紧张。这就要求妈妈不仅要学会精进与孩子之间的关系，还要协调好伴侣与孩子的关系，用恰当的方式培养身心健康的孩子，重构与孩子之间的亲子关系。

第 7 课

事业打拼期

连接社会，家庭幸福与事业成功从不相悖

每个人都希望能将自己的人生价值最大化，女性也不例外，所以越来越多的女性走上职场，成了职场上的"铁娘子"。但是，女性在打拼事业的同时，又不得不面对来自家庭的困扰。我不主张女性把事业放在第一位，而为此忽略了家庭和孩子，但我仍然坚持女性要走出家庭，拥有一份属于自己的事业，因为不管是身在职场，还是自己创业，都是在彰显和提升你的个人价值。只有你的个人价值提升了，你才会赢得家人的尊重和家庭的幸福。家庭幸福与事业成功从不相悖，而是息息相关的。

插画作者 华人女艺术家　刘宸希　女士

第**1**课

甜蜜热恋期

建立心心相印的亲密关系

每一个爱做梦的女孩，都无比羡慕童话中的爱情故事，也希望能在现实中遇到自己的"Mr Right"，像《大话西游》中紫霞仙子说的那样："有一天他会脚踏七彩祥云来娶我。"而当你终于与另一个人产生"电光火石"的碰撞，进入甜蜜的热恋期后，却发现有很多困惑与不解：为什么男友对你忽冷忽热？男人到底想要什么样的爱情？为什么男人会背叛爱情，等等。相爱容易相处难，要想让你们的恋情能一直保持甜蜜，你就要了解男人在情感中的想法，知道如何让男人更加宠爱你，与对方建立心心相印的亲密关系，这样你们才能对爱情产生更大的信念和动力，从而在未来收获真正的幸福。

第**2**课

婚前磨合期

给婚姻设置一段冷静时间

当与恋人度过一段甜蜜的热恋期后，你可能会发现，你们的感情渐渐变得平淡了，虽然你们仍然是一对亲密的情侣，但对于关系的满意度、投入水平等，较之前都有所下降，甚至开始对对方有了不满。此时，盲目地迈入婚姻或选择分手，都不是最恰当的选择，而是应该再给婚姻设置一段冷静时间，重新整理和磨合一下你们的关系。如果顺利度过了平淡期，你们的感情会再度升温，并且走向稳定，这时才是迈入婚姻的最佳时机。

于珈懿

——

著

让女人
受益一生的

7 堂

幸福关系课

电子工业出版社·
Publishing House of Electronics Industry
北京·BEIJING

图书在版编目（CIP）数据

让女人受益一生的 7 堂幸福关系课/于珈懿著 . —北京：电子工业出版社，2022.3

ISBN 978-7-121-43057-2

Ⅰ.①让…　Ⅱ.①于…　Ⅲ.①女性－婚姻－通俗读物 ②女性－恋爱－通俗读物
Ⅳ.① C913.1-49

中国版本图书馆 CIP 数据核字（2022）第 037876 号

责任编辑：胡　南　杨雅琳
印　　刷：涿州市京南印刷厂
装　　订：涿州市京南印刷厂
出版发行：电子工业出版社
　　　　　北京市海淀区万寿路 173 信箱　邮编：100036
开　　本：720×1000　1/16　印张：19　字数：216 千字
版　　次：2022 年 3 月第 1 版
印　　次：2022 年 3 月第 1 次印刷
定　　价：78.00 元

凡所购买电子工业出版社图书有缺损问题，请向购买书店调换。若书店售缺，
请与本社发行部联系，联系及邮购电话：（010）88254888，88258888。

质量投诉请发邮件至 zlts@phei.com.cn，盗版侵权举报请发邮件至 dbqq@phei.com.cn。

本书咨询联系方式：010-88254210，influence@phei.com.cn，微信号：yingxianglibook。

推荐序一

突如其来的新冠肺炎疫情打破了国人平静的生活。大多数人响应国家"少出门"的号召而居家办公，生活好像又回归于平静，而我的电话却在那段时间被打"爆"了。

电话那头多是一些女性咨询者：有的年轻女性抱怨疫情使自己与男友长时间见不到面，导致两人关系逐渐变淡；有的中年女性唠叨老公即使天天在家，家务活还是一件指望不上，带孩子的事也是自己全包；有的妈妈则不停地数落自家孩子把这段时间变成了假期，经常以上网课的名义长时间霸占着手机、电脑……即使隔着电话，我也能感觉到这些女性的欲哭无泪。

处理完这些事情后，我陷入了沉思：为什么现实中受伤的总是女性？为什么女性总是处于弱势地位？这是一件很让人心痛的事。

带着这份思考，我开始整理办公桌上的笔记，无意中瞥见了桌上的一个相框，那是我和我的学生于珈懿在一次女性健康学术论坛上的合影。我记得当时她和我说过，她想抽一部分时间和精力关注女性心理健康。她认为，现在的女性心理健康暴露了太多的问题。想到这儿，我马上拨通了她的电话，在电话中向她提起了这件事，顺着这一话题，我们聊了很多……

那次通话后，我们很长一段时间没有再联系。再次接到她的电话时，已是年底。记得当时她在电话里对我说："老师，上次跟您通过电话后，我对女性心理健康问题又做了大量的调研和访谈，我又有了一些新的思路……"原来她沉寂的这段时间，一直在进行深入研究和学习。

她电话里兴奋的声音，听着像个孩子。回想起我这位学生这么多年的成长历程，我很是欣慰。她的工作从催眠治疗到曼陀罗读心术解读，从自由绘画到创建亲子训练营，后来她开始关注儿童心理健康，并且在儿童心理学领域已颇有建树，也帮助无数家长读懂了自己的孩子，帮助无数孩子打开了心扉。

学无止境，现在的她想把这些年所学的心理学知识与自己的亲身经历结合，应用于实际生活中，并汇总大量的实操案例，以服务好万千女性朋友。

我对她做的这件事深表支持，于她而言，是一种成长；于更多女性朋友而言，是一件功德无量的事。

这次通话后，于珈懿再次从我的生活里消失。就在前几天，我收到于珈懿的一封邮件和一份电子版书稿。她告诉我她对于女性心理有了更深入的了解，并已整理成书，希望能帮助更多的女性朋友找到真实的自己，请我为她的新书指正，并期待我能再次为她的新书写序。看了她的邮件，我惊讶于她超强的学习力及精益求精的学习态度，我连夜读了她的这本《让女人受益一生的7堂幸福关系课》的书稿。

当我一口气读完书稿后，很惊讶她在写作中与众不同的出发点。此书是一本关乎女性朋友幸福的书，她一改以往女性书籍的写作风格，没有用道德绑架和是非对错的经验来评价人和事物，而是把人性放在第一位，真正从人性角度帮助女性朋友与家庭和解，与自我和解，实现智慧成长，全面整合生命。这让本书的内容看起来更加客观、实用。

也许正是因为有着不同寻常的人生经历，她才能够站在一个全新的角度去看待生命和世界，去更多地了解人性和解读人性，逐渐更新自己对生命、对世界的感觉。

我很赞同她在书中提到的一个观点，即婚姻本来就是"反人性"的。因为人性是由兽性、人性和神性相互组合而成的，它是善变的。人之所以为人，就是由人性的理智、神性的高尚来控制潜伏在人性中的兽性的贪婪与欲望。从这个角度来说，女性朋友就能理解男性为什么会有婚后出轨、出现第三者等这样那样的问题。

综观全书，她把女性问题分析得可谓鞭辟入里，字字珠玑。全书有理有据，为了让内容更翔实，书中采用了大量的咨询个案。与此同时，她也在书中给出了可落地、可实操的方法，旨在指引那些不幸的女性朋友通过人性来疗愈自己，修复关系。

人们常说，渡人如渡己，渡己亦渡人。她在帮助别人疗愈的过程中，也在不断进行着自我疗愈。我自己也是深有体会的，当我们怀着一颗渡人之心、帮助别人的时候，其实也是一个被治愈的过程。

通过对本书的细细品读，我对我这位学生又有了更深刻的认识。

不得不说，于珈懿是我见过集乐观、坚强、力量于一身的超强女战士，她不仅能够拯救自己，还能赋能他人、给予他人力量。她是真正由内而外散发着人格魅力，时刻显现女性力量和智慧的人。

不仅如此，她也是我见过的最会将催眠技术运用到心理沟通和问题解决中，并能够触类旁通和运用到极致的人。作为清醒式催眠领域里的一位深耕者，她完美运用催眠的正向引导，以及带有疗愈感的话术，让人得以深度放松。基于此法，她成功帮助无数女性朋友收获幸福。

在我看来，今天的于珈懿已是一位拥有智慧的女性。她在书中提到的一句话极为精彩："伤口，是光照进来的地方，也是我们长出翅膀的地方。"她自己即是如此，真正把自己的悲苦转化成为大爱，把自己的遭遇转化为智慧，把过去的遭遇转化成生命的力量。

我很开心今天能为她的新书写序，为这样一位有着传奇经历且年轻有为的心理学家写序，并且适时送去鼓励，也是我的责任。

今天的于珈懿，心存大智，未来可期。我也衷心希望她将来能继续向世人分享她的成长智慧，以带动和引领更多女性朋友不断走向幸福的彼岸。让这些女性的人生少一些悲苦，多一些快乐！

哈尔滨曲伟杰心理学校校长　曲伟杰

2021 年 11 月

推荐序二

特别幸运在我的人生中可以遇到另一位拥有美貌与才华且心灵纯净的女孩子。自认为我是世界上独一无二的那个人，原来在远方还有另外一个与自己心心相印的小渔老师。与她的相遇是我人生中一个非常重要的节点。

每个人都有不同的人生经历，无论学习、生活还是工作，都会遇到顺利和不顺利的时候。每个人处理的方法都是不一样的，有些人可能可以跟朋友交流，但是有些人不愿意把自己的痛苦分享给别人，即使是家人和朋友。表面看上去云淡风轻，说自己很快乐，很幸福，什么都不想做，只想去玩。往往这样的人，是生活中背负了非常多问题的人。因为难以启齿，他想通过释放、放松去逃避生活中遇到的问题。于是时间久了，就会造成很多心理问题。如果憋在心里，到了极致，他可能会在夜深人静的时候偷偷哭泣，甚至走到无法挽回的境地。

我觉得上天赋予我们这么一个人，她可以帮助你吸收负能量，聆听你的问题，她就像一个树洞一样站在那里无私地支持你，可以让你毫无戒备地把痛苦说给她听，帮助你去释放、去转换，并且用她的智慧帮助你解脱与解决问题。这个人，无疑就是我们共同的朋友——小渔老师。

她一见到我，就特别喜欢我，我一见到她，也爱上了她。因为她是那么的美丽与纯净，脸上总是挂着满满的笑容，完全看不出受过的磨难与痛苦。很多人表面表现出来的平和是经过了多年的历练，可是小渔老师非常年轻，在这个年龄段就已经有这么好的心境，可以云淡风轻地叙述自己的过往，这一点非常值得我们学习。我在那一刻也非常震撼，我比她年龄大，却没有办法修炼到如此的坚韧程度。大家在她的身上学到了很多——遇到风雨的时候，如何把困苦的经历转化为面对生活的智慧，变成生命中的财富。

每个人的生命中都会遇到很多问题，恋爱阶段遇到的只不过是生命中的一部分。更多的问题可能是在家庭阶段，夫妻之间的感情问题，与婆婆之间的婆媳问题，与子女之间的教育问题，甚至是走入社会后，在职场中遇到的方方面面的工作问题。

有时，当问题来自多方面时，人们就不知道如何去面对与表达了。更多的时候，可能我们没有办法自己走出来，而是寻求别人的帮助。包括我遇到问题的时候，即使我觉得自己有足够的年龄与经历可以消化遇到的问题，但是我依然会去寻找很多的资料，听取一些心灵辅导师的建议。但是这些可能都不是真正的答案，这些理论可能也不会真正地帮助自己，只不过是你要度过这一段困难时间所需的能量罢了。因为只有有了这些能量，你才能克服这个坎儿，否则你可能就陷进去，爬不出来了。所以我觉得我们的生活中其实都需要一位心理医生的陪伴。

无论从什么样的角度，感情上的、工作上的、生活中的、学习中的，你处在生命中不同阶段的时候，都会遇到困难。有些事，孩子可能没有办法跟父母说出口，他可能会选择交朋友甚至早恋，或者是其他的一些爱好。总之，他需要找一个方式去解救自己，找到一个方式去解脱自己，找到一个适合的东西成为疗愈自己的药。孩子如此，成人也如此。正在打拼的男性朋友，他们可能更多的是承受与隐忍，通常不会把这些问题说给妻子与朋友，他们可能也需要一位心理医生，从客观的角度去解答他们的问题。然后就是女性，女性拥有更细腻的思维，所以她们更敏感，困难也会更多，女性更需要一位家庭心理医生帮她们排解情绪。但好在女性愿意说与表达，更容易释放自己。我们同样也需要倾听老人的声音，解决他们在这个生命阶段的心理需求。每个周末，父亲都会给我打个电话，他说："也没有什么，就是一周了，想听听女儿的声音。"知道我很好，他就放心了。老人希望跟自己的子女保持联系与沟通，听到子女的声音，知道一切都好，他们就安心了，然后回归自己平静的生活。

所以说人生如此的漫长，不管是家人还是朋友，或是子女，总会有一个愿意聆听你的人在生命中出现。感谢我生命中出现了这个人，她就是小渔老师。非常感谢她出现在我的生命中，解决了我很多的思维困境，让我更自信地体验下一段生命历程。希望小渔老师的新书可以帮助更多人解决问题、找到答案。也希望每个能看到此书的人，放下心中的执着，随着生命进入不同阶段，提高自己的适应能力，能够慢慢走进去，并且转化自己的心境，平静地看待生活，努力成为那个你想成为的人。

——大溪老师　加拿大华人女艺术家

推荐序三

在茫茫人海中，能与身边人维系一段良好的、长久的关系，是可遇不可求的。可现实总是不能尽如人意，我见过身边太多女性朋友因为关系破裂，被折磨得身心俱疲。在我们多多熊的加盟伙伴里，不乏一些女性因为婚姻不幸福、家庭关系不和睦，导致自己的身心受损，从而停滞了和我一起创业的脚步，这着实令人惋惜。

而这绝不是个案，我曾在一些社会活动中做过几次"我的家庭关系"调研，里面有很多女性朋友参与，我也记录了几条这些女性朋友在个人成长过程中经常遇到的问题：

- 为什么我们整天为鸡毛蒜皮的小事而冲突不断？
- 为什么男人会背叛当初的结婚誓言？
- 为什么我的孩子总是与我对着干？
- 为了照顾家人，我就要放弃事业吗？

这些问题就像噩梦一样，每天困扰着她们，让她们在追寻幸福、创业的路上走得百般辛苦，千般难受。

在这些调研中，我也发现了问题背后的原因。大多数不幸福的女性朋友，都是对婚姻、爱人、孩子寄予了太多期望，然而期望越高，失望越大，所以最后受伤害的还是自己。

我觉得，能让一个女人幸福的，从来不是别人，而是女人自己，无论在何时何地，都有让自己幸福的能力。只有勇敢活出自己，无论何时都把自己活得精致的女人，才是最有能量、最幸福的女人。

回想自己这些年，从结婚生子到创业，我也经历了很多波折，其中最艰难的一次是2016年的夏天。当时，公司出现资金链断裂，创始股东也开始出现一些矛盾。面对挑战，我没有一丝退却，顶住外界的压力，坚守初心，卖房融资，整顿军心。经过两个月的奋战，我们的销售额总算回暖，我们就这样渡过了难关。

在这里我只是想告诉所有女性，每个人其实都是一个独立的个体，要想过得舒心和自在，一定不能全靠他人生活，因为靠他人，总有一天会失望大于期望，你只有靠自己，才能活得坚定而踏实。

在一次机缘巧合之下，我有幸结识了小渔老师。当她向我讲述了她的种种过往和经历之后，我是极为震撼的——如此平凡而又不凡的女人，在被各种困难打击后，竟还能爆发出常人难以想象的强大力量。我在小渔老师身上仿佛看到：所有的逆境都是她生命的助力。

因为工作关系，我多次体验了小渔老师在儿童心理学领域的个案。同为独立意识超强的女性，我们在女性身心健康上也有着很多共同的话题。我体验过很多心理咨询师的个案，却只对小渔老师情有独钟，她不仅是一位敏锐的观察者，还是一位善于挖掘的提问者、探索者，她让那些来访者都能在人生困境中看到曙光，发现真实的自己。

我与小渔老师的相识、相知，也算是一种缘分吧！所以，当她邀请我为其新书写序时，我内心是激动的，也是开心的。当你能从一个人身上学到一些知识，或生发出一些感悟时，其实也是一种成长。

当我翻开这本书时，能深刻地感受到，小渔老师怀着一颗帮助不幸的女性朋友走出当下困境的善心，她把自己所有的经历、所学的知识，以及实际发生的个案，全部写在了这本书中。

仔细阅读这本书，我从中发现了关于幸福的更深层次解读。在小渔老师看来，所有的幸福都是带着喜、怒、忧、思、悲、恐、惊等情绪的，而要处理好这些问题，就需要女性朋友自己掌握自我保护、自我觉察、自我修复与自我疗愈的智慧。小渔老师的个人成长经历就是一个自我破局的过程。她也希望通过这本书，唤醒更多的女性朋友，让她们能勇敢地面对真实的自我，成为别人眼中艳羡的女人。

一个女人的魅力，从来不是由外貌决定的，而是由其身上自内向外散发出来的某种特质决定的。《让女人受益一生的7堂幸福关系课》一书告诉我们：世界上有一种女性的特质尤其值得赞美，那就是拥有完整的人格特性，却不又执着于完美的自己，这样的女人才是一个能够自我接纳和自我赏识的女人。小渔老师就是这样的女人，同时她希望更多的女性朋友能如她一样，学会接纳自己，赏识自己，成为一个"我命由我，不由天"的女人。

这本书也让我对小渔老师有了更多的认知：她不仅是一位拥有超高学术水平的人才，更是一位能够把人性融入心理学和催眠技术中，再结合自己的人生经历和感悟，把人的身心整合在一起的高能量综合性人才。

所以，小渔老师也是让我特别佩服的心理咨询师。我也在她所写的这本书里看到了满满的干货，这些干货不仅能够实操落地，而且行之有效。我也真心愿意把这本书推荐给更多女性，让她们都能够从中真正受益。

不得不说，小渔老师是一个真正能解决问题、真正有纯粹力量的人才。我也衷心希望她以后多出版一些能够疗愈人们身心的图书，让每个在人生路上迷茫的人都能遇见真实的自己，内心真正强大起来！

钟靖靖　多多熊国际美育创始人
多多文化教育集团董事长
2021 年 11 月 2 日

自　序

　　大家好，我是于珈懿，我的学员朋友们都喜欢亲切地称呼我为"小渔老师"。为了拉近与大家的距离，在本书中，我也会用"小渔老师"这个我喜欢的称呼来跟大家交流。

　　当你打开这本书时，我相信，一定是一份特别的缘分让我们在这里遇见。生活所能打动我们的，往往都是那些小而意外的惊喜：一束盛开的鲜花、一个深情的拥抱、一张充满生气的笑脸，以及，一本似曾相识的好书。这就像是一种命中注定，它意味着在另一个平行的空间里，有另外一个人正通过这本书与你相遇、向你倾诉，这个人就是我，但也是另一个你，就像惠特曼所说的那样："我所讲的一切，将对你们一样适用，因为属于我的每一个原子，也同样属于你们。"

　　那么接下来，就让我们彼此认识一下吧，相信你也很期待了解另一个你是什么样子的。下面，我就先向你介绍一下我自己。

一、伤痛

有一个女人，38岁的时候，终于结婚了。然而婚后不到一个月，就离了，因为对方是个"渣男"，不工作、不做家务，更可怕的是，他还家暴。

女人自怨自艾，说："我命不好，总遇见'渣男'，之前谈了几个男友，每一个都很'渣'！"

她确实谈过几个"渣"男友，但除了这几个"渣男"，她其实也跟一些各方面条件都不错的男士相处过，只是每个人都没相处多长时间，便分手了。

其实，一个女人无法与优秀的男士相处，还几次遇见"渣男"，并不是她的命不好，而是她没有很好地掌控自己的命运，自己把"好命"弄丢了。

而你不知道的是，我不仅遭遇过"渣男"这样的"命不好"，还遇见过很多一般人无法承受的"命不好"。

在我很小的时候，曾受到过家长的暴力教育，或许是为了排解内心的压抑和痛苦，我选择成为一名帮助更多人解除痛苦和烦恼的心理咨询师，并且通过努力逐渐有了自己的事业和家庭。然而，就在我感觉老天眷顾，一切都很幸福的时候，各种"命不好"却接二连三地找上了我。2016年，我在一次讲课过程中突然晕倒，被同事紧急送往医院，之后竟然被检查出有脑瘤。更糟糕的是，此后我又陆续遭遇了丧子、负债、婚姻破裂……仅仅半年时间，我仿佛一下子就失去了全部。

在多重打击下，我患上了严重的抑郁症，连续三年，我都无法很好地思考自己的问题和调整自己的状态，由此也产生了极度消极的自我攻击心理，甚至还有过自残。同时由于脑瘤发展，我曾多次晕倒，有三次都是被医生从死亡线上抢救回来的，那种濒死的状态，至今让我感觉模糊而深刻。而那段时日，也成为我人生中迄今为止最黑暗的日子。

二、重生

伤口，是光照进来的地方，也是我们长出翅膀的地方。

经历了失去健康、失去孩子、失去婚姻等多重打击和伤痛后，我索性放弃了对脑瘤的治疗，开始去旅行、去徒步，走遍名山大川。而让我没想到的是，在这个过程中，我的身体竟然渐渐恢复了健康和能量，我自己也渐渐学会跳出来看待曾经经历的所有事情，学会站在终点回看起点，由此，我开始有了一些关于生命的新的觉醒与感知。后来，我认真反思和总结了那几年的经历，一个真正有力量的人，不是曾经活得多么辉煌灿烂，而是在经历了人生苦痛之后，能够超越苦痛、挣脱苦痛，重新站起来，开启自己新的人生。这才是真正的强者。

一连串的打击，没有让我倒下，反而让我一点一点坚强和独立起来，让我学会站在一个全新的角度去看待生命、看待世界，去更多地了解人性和解读人性，我也逐渐更新了自己对生命、对世界的感觉。我重新拾起自己的心理学知识，开始关注更多人的情感故事，希望能帮助像我一样经历过情感背叛、财富损失和心理创伤的人修复自己、疗愈自己，走向更好的人生。

于是，从一开始分享我的故事给别人听，到接别人的咨询个案，再到为别人系统地讲授课程，再到现在积极地做直播、写书，整个过程下来，我做了4000多个个案，帮助很多遭遇创伤的朋友治愈了自我。同时我也惊喜地发现，在帮助别人疗愈的过程中，我也在不断进行自我疗愈，这让我想起了佛教中那句经典的话语——本欲渡众生，反被众生渡。当你怀着一颗渡人之心、帮助别人之心时，其实整个世界也都在帮助你。当你发愿要帮助更多的人，并身体力行时，这个过程就已经成为一个被帮助的过程了。所以在此，我也感恩所有我的咨询者，是你们修复了我、治愈了我、成就了我。

三、回归

在我接到的大量咨询中，大家的问题不胜枚举，从情感到婚姻，从家庭到孩子，从健康到财富，五花八门，并且咨询者中以女性朋友居多。通过这些个案，我见识到了各式各样的情感、婚姻、家庭形式，也见识到了女性在追求幸福的过程中所遭遇的伤害和困境。在这些人中，有的正出现恋爱中的困惑；有的正面临伴侣出轨，第三者入侵；有的正陷入婆媳矛盾，不知如何化解；有的处理不好与家人之间的关系，苦于找不到解决方法；还有的遭遇婚姻与事业的冲突，自己陷入困境……虽然幸福的人都是相似的，不幸的人各有各的不幸，但在为这些朋友做咨询指导的过程中，我也深深地感到，懂得处理好自己的情绪、处理好各方面的关系，掌握经营情感、婚姻、家庭与事业的经验和技巧，以及实现自我与孩子、家庭与事业之间的融合，对每位女性的幸福来说真的太重要了！

为了把我多年来积累的丰富的咨询经验分享给更多需要帮助的朋友，我决定写这本书。当然，这本书首先是写给我自己的，是我对自己之前人生经历的一个总结，同时也是感恩那些曾经无比信任我、愿意听我建议的朋友们的一份礼物，没有他们，就没有今天的我。

而在这本书中，我主要想向亲爱的读者朋友传达三个核心点：

第一，我想唤醒所有的女性朋友，希望你们能勇敢地面对真实的自我。

世界上有一种女性的特质尤其值得赞美，那就是拥有完整的人格特性却不又执着于完美的自己，这样的女人，一定是能够自我接纳和自我赏识的女人。

在这个世界上，女性最大的悲哀就是妄自菲薄、自我否定，就像我以前一样，因为受过原生家庭的伤害，受过情感的创伤，便总感觉自己不配拥有幸福，总是自我攻击、自我否定，认为自己不值得拥有更幸福的生活。现在回想起来，那段经历虽然很灰暗，但同时也让我醒悟，一个人所有的经历，都是他作为自己的主人，自行选择的结果，而这些经历也成就了其当下的能力、财富与智慧。当你做回真实的自己，出自本心地面对自己，而不是活在别人为你构建的角色中时，你才能获得能量，全身心地接纳自己、肯定自己、爱自己，成为自我价值的建设者。

　　相反，倘若你一直活在得失对错之中，那么你面对一切都会是患得患失的，并且会被世界所困、被道德与爱所绑架，你也会因为自我评判、自我攻击而内耗。

　　所以，请你学会辩证地看待所有事情的发生，辩证地看待自己的缺点与不足，找到所有事情和缺点背后的那份光明和真实的人格特质，并将其放于匹配的环境中。这时你会发现，自己就是一颗钻石，在人世间闪亮夺目。

　　第二，所有的幸福都是带着喜、怒、忧、思、悲、恐、惊的。

　　人活一世，从来都不可能一帆风顺，一定会遇到各种各样的问题，但我们的价值不就是解决各种问题吗？如果事事都顺心顺意，什么问题都不用你来解决，你又用什么来证明你曾经活过、证明你的价值呢？

所以，我想对大家说的是，不要过分在意人生中那些不幸的经历，也不要让自己深陷其中无法自拔，带着喜、怒、忧、思、悲、恐、惊这七大情绪，该吃饭吃饭，该睡觉睡觉，该恋爱恋爱，该生娃生娃，尽情享受当下就好。

第三，女性一定要掌握自我保护、自我觉察、自我修复和自我疗愈的智慧。

虽然不是每位女性朋友都会遭遇我曾经的不幸，但不可否认的是，大多数女性一生中都会遭遇各种各样情感、婚姻、健康等方面的问题，也会受到各种不同的伤害。要把这些伤害降到最低，我们就要具备一定的识别能力，学会保护自己。一旦不幸遭遇伤害，还要学会为自己舔舐伤口，因为除了自己，没有谁能给予你真正的幸福。

但是，要实现自我修复、自我疗愈，我们又必须先了解人性、了解自己和他人的需求。只有弄清规律背后的本质，了解各种因果关系，你才能避免伤害，而不是就问题解决问题。只有认清了人性，你才能安抚好自己的内心。这不但是一个对自我进行疗愈的过程，更是一个对自我进行深度解读和探索的过程。

总而言之，我希望你通过阅读这本书，能够理解这个世界上本不存在幸福，也不存在爱，而我们所谓的幸福与爱，其实是一种感受能力、一种觉察能力，是一种把生活中的各种琐碎、情绪乃至伤痛，转化成有序营养的能力。并且，能够感知、觉察幸福与爱的人，往往不会去惋惜自己缺少什么、只剩下什么，而是关注我拥有什么、还可以创造什么。如同我，还拥有你们这些支持我、爱我的朋友，还可以帮助更多深陷情感、婚姻、家庭困扰的朋友找到幸福的方向。我认为，这就是我的幸福。

所以，幸福与爱是一种本自具足的智慧，我们每个人都不缺少，而你之所以感到自己不够幸福、缺少爱，是因为你把自己的能量弄丢了，你还没有找回自己的那份能量。但是，这本书可以帮你找回，我可以帮你找回。

有一句话叫"读万卷书，不如行万里路"，我也总结了一句话，叫"行万里路，不如阅人无数"。我希望你能通过我的经历，通过我书中所列举的上百个典型个案，以及我结合自己多年咨询经验和心理学知识为你提供的关于情感、婚姻、家庭、财富、健康等各方面的建议与方法，学会自我觉察、自我内观、自我感知、自我接纳，一点一点地让自己变得强大、真实、独立、幸福。

在这样的日子，我们邂逅彼此，我很幸运，你也很幸运。借由这本书，我希望你能遇见更好的自己，收获真实的幸福，这样才不负我们在时光旅行中的这场美丽的相遇。

祝你幸福。

开篇课：给暂时单身的你的一封信

如果你翻到这一页，我想你可能正处于单身状态，也许有爱情，但尚未迈入婚姻，也许是完完全全地一个人生活。不管你处于哪种状态，我首先要恭喜你，因为你通过这本书遇到我，就相当于已经遇到了一半的幸福。在这本书中，我会把我所有关于追寻幸福、建立幸福关系的经验都传递给你，让你学会更好地享受爱情、经营婚姻，成为更好的自己。

就在前几天，我接到了一个个案，个案中的女孩正在为自己的情感问题烦恼不已。女孩26岁，虽然之前谈过几次恋爱，但都无疾而终，家里人眼见女孩年纪逐渐增大，都很着急，四处为女孩安排相亲。女孩也见了几个，要么没感觉、没眼缘，要么相处一段时间后，因为种种原因无法再继续，期间还被一个男人"PUA"，骗去了不少钱。这让她十分烦恼，于是找到我，问我："小渔老师，你说我是不是不适合谈恋爱、结婚呀，为什么我总也遇不到一个合适的男人呢？"

我相信，这个女孩"不是一个人在战斗"，我们身边一定有很多这样的女性朋友，其中可能也包括你，明明很期待恋爱、结婚，却找不到那个"Mr Right"，为什么会这样？

很多传统观点认为女人的幸福是由婚姻决定的，甚至我们的长辈现在仍然持这种观点。那么，女人的幸福真的是由男人、由婚姻决定的吗？并不见得，我们只能说男人、婚姻是我们获取幸福的一种方式，却不是全部，所以现在选择单身的女性朋友也越来越多，她们活得也很滋润、很幸福。

当然，如果我们仍然期待能够迈入婚姻，那么首先你要让自己保持清醒的头脑，在恋爱、结婚前，一定要弄清哪些因素能决定一个男人是否可以带给我们幸福。简而言之，就是要选择一个什么样的男人来恋爱或结婚。

1. 适合恋爱和结婚的男人

经常有女孩问我："小渔老师，既然是恋爱，那肯定要跟着感觉走呀！一见钟情也好，日久生情也罢，首先考虑的肯定是'情'，如果抛开感情先去考虑其他因素，那不是太庸俗、太现实了吗？"

我要告诉你的是，婚姻就很现实呀，不管多么美好的爱情，只有让它在现实中落地，你才有可能收获幸福。

说到这，可能你会认为我的这个观点太绝对了，婚姻对不同的人来说，意义也是不同的。有的人可能就是不婚主义者，你能说他是错的吗？我们不否认不婚主义者的存在，但同时也必须承认，在大多数情况下，恋爱中的双方，是期待以"婚姻"作为这段感情的见证的。要开启一段恋情，就必须以真诚的态度去对待，在双方的磨合过程中，确定对方是否能成为你今生的伴侣，最终你们能否步入婚姻的殿堂。所以，不管是恋爱还是婚姻，我们都要真诚对待，对情感保持敬畏之心，你必须学会辨别，弄清楚该怎样选择一个真诚的男人。

在这里我要提醒你，在选择恋人和伴侣时，以下三种男人一定要远离：

第一种，个性特别压抑的男人。

这种男人的内心往往非常自卑，却又有着极强的自尊心，喜欢孤芳自赏，最怕别人瞧不起自己。但是，他们的内心中又压抑着一股想要超越旁人的欲望，当别人比他强时，他又会流露出一种不屑一顾的神态，以掩饰自己的嫉妒和自卑。跟这样的男人相处，你会很崩溃，不但要满足他那极强的自尊心，还要忍受他随时都可能对你表现出来的不屑和看不起。

第二种，经常对家人怨声载道的男人。

人与人之间的相处就是一种彼此照见，他与父母家人一起生活了那么多年，却还处处表现出对他们的不满，甚至像个怨妇一样，把所有问题和责任都推给他们，这种男人的人格是没有完全独立的，也不知道如何跟身边的人好好相处。更何况，父母养育他那么多年，他都不具有感恩之心，你又怎么能有信心保证他以后会对你好呢？

所以，即使一个男人帅气多金、才华满腹，却跟原生家庭关系不好，经常对父母家人抱怨连连，那你就要慎重考虑了，因为这预示着他未来也很难处理好与你的关系，更别说结婚后处理两个家庭之间各种复杂的关系了。

第三种，缺乏财富思维，对金钱没有概念的男人。

这里并不是说我们就要选择一个有钱、多金的男人，而是说男人必须有一定的财富意识，知道如何创造财富、如何为家庭提供必要的经济保障。你要知道，婚姻就相当于一个促进经济发展和人类文明进步的"创业公司"，"公司"中的每个人不但要尽到自己的责任，还要有一定的经济基础作为运营的根基和生存的保障。如果一个男人没有这种观念，也没有这份责任心，那么你以后的生活会非常辛苦，你们的"公司"也很难维持太久。

那么，什么样的男人可以作为我们的婚恋备选呢？

在我看来，不管一个男人的年龄大小，如果他对自我的接纳水平比较高，人格比较完整，原生家庭给予他的爱非常健康，他在面对各种问题时态度端正、情绪稳定，并且能够比较恰当地处理各种矛盾，最重要的是，他没有前面我说的那些特性，那么他就是一个不错的男人，你可以考虑与他交往。

2. 男人的共性与不同类型

尽管不同的男人会表现出不同的个性特征，但他们还是有很多共性的，如在我们传统的观念中，大家都认为男儿有泪不轻弹、男儿膝下有黄金，说白了，就是男人不能轻易表达自己的内在情感，也不要轻易委屈自己，迎合他人。这也决定了大多数男人的内在情感是处于隔离状态的，即使要表达情感，他们也习惯用动作或结果来表达，以展示自己的尊严和男子汉气概。简单来说，就是男人喜好用动作和结果来面对问题、解决问题。

这一点与女性习惯用语言、情绪来表达情感的方式完全不同，所以要记住，无论你在情绪上、情感上有多大的诉求，都不要指望或依靠男人来安慰你。男人与女人在思维上本身就是有差异的，这也导致了他根本无法与你产生同理心。

男人也是有不同类型的，不同类型的男人又会表现出不同的特点。根据我做过的上千例个案的经验，我把男人分为四大类型，你可以根据这些类型的特点来选择适合自己的，或者远离那些不适合自己的男人。

（1）王者型

王者型的男人，往往具有极强的控制欲，焦虑水平和抱怨水平也很高，当然他们也不是毫无优点，他们的优点就是做事很缜密，对自己要求很高。

面对这种类型的男人，你要事事都听他的，要让他说了算，要学会欣赏他、夸奖他、赞美他，但他又经常会产生比较焦虑的情绪，脾气"一点就着"，如果你做不到很好地包容他，接纳他的控制欲，那么想与他和平相处是很难的。

（2）海王型

这种类型的男人我们应该并不陌生，在一些影视作品中也经常能看到，他们最大的特征就是喜欢"普遍撒网、重点捕捞"，通过猎取异性来获得自己的存在感和尊严感。为了获得更多女性的青睐，他们还喜欢用各种甜言蜜语或善解人意来吸引女性，而一旦被他"拿下"，他的兴趣就会降低，并马上去寻找新的"猎物"，根本不想对这份感情负责。他们很享受女性被自己迷倒的感觉，也享受身边有异性围绕、被人爱慕的感觉，这也导致他们在恋爱中极易"劈腿"或婚姻中极易出轨，经常是见一个爱一个。所以在择偶时，你一定要睁大眼睛，远离这种危险的男人。

（3）大叔型

大叔型并不是指年龄大的男人，而是指成熟稳重，经验、阅历比较丰富的男人，这类男人一般不会过分地控制你，既能为你遮风挡雨，给予你足够的安全感，又允许你自由地去闯荡、去发展。当你需要休息时，你可以回到他身边，依靠他；当你想要学习、成长时，他又会给你足够的支持和鼓励。如果你能遇到这样的男人，那真的是你的幸运。

不过，大叔型男人也有柔软、孩子气的一面，尤其在自己最亲近的人面前，他们偶尔也会撒撒娇、卖卖萌，去拉近两人之间的距离。这就需要你能真正有耐心读懂他。

（4）经济适用型

经济适用型男人最大的特点就是实用性强，因而也被认为是"最具潜质"的好老公。他们一般处于社会的中层，在择偶方面，也希望女性能与自己的能力、经济条件等比较匹配，甚至要求女性能给自己带来一定的受益资源或成长空间。不过，他们在情感诉求方面会比较淡漠，因为在他们眼中，事业更重要。你能给他带来资源，对他来说才是最有价值的爱。

当然，这并不能说经济适用型男人都太物质，只是说他们只有通过物质才能看到爱，所以，他们可能很难为你提供太多情感上的价值。他们与海王型男人刚好相反，对于海王型男人，你往往撒撒娇、耍耍小性子，他马上就会答应你的要求；但经济适用型男人不会，如果他感觉不到自己能从中获得价值，或者达不到自己的目的，他就不太可能愿意为你付出。

所以，如果你选择了这样的男人，就一定要先明确自己能不能甘愿做一个工具型女人，在情感方面做到独立、安全、无所畏惧。如果你做不到，那我不建议你选择这类男人。

以上是我给男人划分的几种主要类型，可能还有其他类型，但总体上不会脱离这几类的框架。

有的女孩可能会说："小渔老师，我感觉这几种男人都不适合我，难道我就不能谈恋爱、不能结婚了吗？"

当然不是。我们在与身边的男性相处时，一定要记住一个原则，就是不要盲目地为男性贴标签，认为他就是这样的，是不好的、不符合自己要求的。不管是谈恋爱，还是建立婚姻关系，关键都在于你与对方是否有共同的愿力。什么是愿力呢？就是你的本心所带来的力量，当你自己身体健康、财富丰盈、内心富足，不把自己的幸福寄托在男人身上时，你就会有足够的动力与对方一起朝着同一个目标走下去。也就是说，当你自己拥有足够的能让自己幸福的能力，并且不把自己的幸福寄托在爱情、婚姻之上时，你对对方就不会有那么多不切实际的要求和幻想了，这时你与对方才会更合拍，你们才能真正成为灵魂伴侣。

3. 你与你的灵魂伴侣

在我做过的个案中，有很多女性朋友跟我说："小渔老师，你能帮我测测，我跟××算不算是灵魂伴侣吗？"或者说："小渔老师，我觉得我遇到自己的灵魂伴侣了，不管是生辰八字，还是性格脾性，真的都太合适了！"

那到底什么才是"灵魂伴侣"呢？他真的存在吗？

灵魂伴侣确实存在，只是很少有人能遇见，他的出现需要满足以下几个条件：①你知道自己是谁，②你知道自己想要什么，③你知道自己最好的状态是什么样的，④你知道自己活在这个世界上的初心是什么，⑤你能活出一个全然的、自我绽放的自己。满足了这些条件，你才有可能遇见自己的灵魂伴侣。灵魂伴侣绝不是你感觉你们"三观很合拍""观点很一致"就行，而是一个与你有着强烈契合感，能够融入你的感受之中，并且促进你更好地成长的人，哪怕是五年、十年，乃至几十年后，他仍然愿意陪伴你、鼓励你，在你最难的时候陪你共渡难关，让你逐渐达到一种丰盛、富足和幸福的状态，成为圆满的自己。这样的人，才能称之为灵魂伴侣。

那这样的人真的存在吗？如果找不到这样的人，我们是不是就不能恋爱、不能结婚了？

能够遇到这样的人确实不容易，不过遇不到也不代表我们就没有灵魂伴侣，因为我们完全可以成为自己的灵魂伴侣，成为为自己创造幸福的人。很多未婚的女孩都觉得，只要自己恋爱、结婚了，就会幸福，就会远离孤独，此后余生都有人陪伴，能与伴侣相依相恋，一辈子甜甜蜜蜜地在一起。如果你这样想，那以后一定会失望，因为人本来就是孤独的，爱情、婚姻都只是你选择的另外一种生活方式而已，你和对方永远不可能变为一体，对方也无法给你足够的陪伴和珍惜，你们彼此也不可能永远按照对方的标准去生活。如果你抱着摆脱孤独、把幸福寄托在对方身上的想法选择婚姻，那你最终一定是嫁了个寂寞。

作为女人，你需要具备本自具足的能力，具备自己的天赋才华，有自己的爱好和追求，有自己独特的魅力，有对生命的热情，以及创造幸福的能力。成为自己渴望成为的样子，成为自己的灵魂伴侣，这时再选择恋人或爱人时，就不会被对方的帅气多金、体贴入微或几句甜言蜜语所迷惑，而是能够透过人性，真正看清对方内在的东西是否与你契合，是否与你具有共同的愿力，从而决定你是否能与对方共度余生。

总之，我希望我们都能像三毛谈及自己与荷西在一起时说的那样："我们结合的当初，不过是希望结伴同行，双方对彼此都没有过分的要求和占领。我选了荷西，并不是为了安全感，更不是为了怕单身一辈子，因为这两件事于我个人，都算不得太严重。"这是一种不可多得的内在充盈与精神独立，即使无人与我立黄昏，无人问我粥可温，我一个人依然可以独享黄昏、吃饭旅行，因为这一切都遵从了我的本心，我自己拥有能够让自己幸福的能力。当你抱着这样清醒的态度与信仰去做自己时，才会吸引更好的男人来到你身边，与你结伴而行，成为你真正的幸福搭档、灵魂伴侣。

目　录

第 7 课　　**事业打拼期：**
连接社会，家庭幸福与事业成功从不相悖

甜蜜热恋期：

建立心心相印的亲密关系

　　每一个爱做梦的女孩，都无比羡慕童话中的爱情故事，也希望能在现实中遇到自己的"Mr Right"，像《大话西游》中紫霞仙子说的那样："有一天他会脚踏七彩祥云来娶我。"而当你终于与另一个人产生"电光火石"的碰撞，进入甜蜜的热恋期后，却发现有很多困惑与不解：为什么男友对你忽冷忽热？男人到底想要什么样的爱情？为什么男人会背叛爱情，等等。相爱容易相处难，要想让你们的恋情能一直保持甜蜜，你就要了解男人在情感中的想法，知道如何让男人更加宠爱你，与对方建立心心相印的亲密关系，这样你们才能对爱情产生更大的信念和动力，从而在未来收获真正的幸福。

爱情，是一段亲密关系的基础

说起爱情，这简直就是人类永恒的话题。有人说，爱情是毒药；也有人说，爱情是美酒。在爱情中，我们可以体会到从未有过的愉悦和欢喜，也会品尝到从未有过的痛苦与悲伤。

尽管爱情是一个无法用准确的语言来定义的东西，但不可否认的是，每个人都渴望爱情，也渴望通过爱情获得幸福，建立起一段心心相印、相知相伴的亲密关系。但对于刚刚走进一段恋情、比较缺乏经验的女人来说，她们往往会产生这样一个困惑：到底什么样的状态才是好的恋情？我们的关系是否处于正轨？

在回答这个问题之前，我先给大家讲个小故事，也是我个人非常喜欢的一个小故事。

在童话故事《小王子》中，小王子有一个小星球，有一天，小星球上忽然绽开了一朵娇艳的玫瑰花。在这之前，星球上只有一些不知名的小花，小王子从来不注意，但现在竟然开了一朵这么美丽的玫瑰，小王子一下就爱上了它，并且细心地呵护着它。

那时，小王子认为，它是世界上唯一的一朵玫瑰花，并且只有他的星球才有，其他地方都不存在。直到他来到地球，发现仅仅一个小花园里就有上千朵这种玫瑰花，这时他才知道，他的那朵玫瑰花其实很普通。

发现这个事实后，小王子很伤心，但后来小王子明白了，就算世界上有无数朵玫瑰花，他星球上的那一朵仍然是最特别的，因为那朵玫瑰花是他曾经用心浇灌过、照顾过的，他还倾听过她的心声、她的沉默，她就是他独一无二的玫瑰。

这个小故事说明了什么呢？说明你只有在一个人身上花费了时间、精力，这个人对你来说才重要。你在一段感情中有付出、有收获，并且享受其中，这就是好的恋情。由此，你们才能慢慢建立起亲密关系。而关系的亲密程度，则取决于两个人的投入程度和接纳程度，当你与对方都自然而然地投入其中，并乐在其中，那这段关系就能变成你的人生养料，让你的生命变得更加充盈、美好。

当然，爱情也具有个体差异性，就像有的爱情轰轰烈烈、有的爱情平淡如水一样，你能说哪一种爱情更好吗？不能，因为每个人的爱情观和相处模式都不相同，有时甚至会有"甲之蜜糖，乙之砒霜"的状况。但凡事也有共性，爱情同样不例外。根据小渔老师多年的情感咨询经验，我认为如果你的爱情能满足下面3点，你就有很大概率可以从中收获一段心心相印的亲密关系了。

1. 有彼此的需求和适当的亲密感

如果你看过电影《河东狮吼》，那一定会对其中的一段话印象深刻，这段话是张柏芝扮演的柳月娥对古天乐扮演的陈季常说的，"从现在开始，你只许疼我一个，要宠我，不许骗我，答应我的每一件事情都要做到，对我讲的每一句话都要真心，不许欺负我、骂我，要相信我。别人欺负我，你要在第一时间出来帮我。我开心，你要陪着我开心；我不开心，你就要哄我开心。永远觉得我是最漂亮的，梦里面也要见到我。在你的心里，只有我……"

即使到现在，这段经典的台词仍然被很多人记得，很多恋爱中的女生更是感觉这段话喊出了自己的内心独白。毫无疑问，女人都希望自己的恋人能满足自己的这些需求。当然，男人也不是无欲无求的，他们也希望能从爱情中满足自己的需求。可见，一段爱情要进行下去，就必须双方的需求都能从中得到满足才行。

亲密感也很重要，比如，两个人有聊不完的话题，能经常兴致勃勃地轧马路、煲电话粥，一起到网红餐厅打卡，等等。在这些亲密的相处中，你们的感情才会不断升温。

2. 有顺畅的沟通，不以冷战、抱怨等方式表达情绪

缺乏顺畅的沟通，是很多恋人半途分道扬镳的主要原因。两个人之间存在着太多误解，不能很好地处理这些矛盾，最后只能遗憾分开。

有个女生就跟我说，她特别不喜欢男友一到周末就打游戏，因为这样他就没有足够的时间陪自己了，这让她很生气、很伤心，于是她就会跟男友吵架，抱怨男友："你天天就知道玩游戏，到底游戏重要还是我重要？""你根本就不喜欢我，我看你就跟你的游戏过算了！"或者干脆跟男友冷战，就算对方来找自己，她也不搭理人家了。结果呢？男友不但没意识到自己的问题，反而会认为她小题大做、没事找事。

其实她想说的是，"你在游戏上花费了太多的时间，不能陪伴我，我很孤单"。但因为她不愿展现自己脆弱、需要男友陪伴的这一面，于是就会用抱怨、吵闹、冷战的方式逼对方来安慰自己，结果可能事与愿违，让男友更加反感，两人的关系也因此受到影响。

爱情是两个完全不同的人在相互吸引后所建立起来的一段亲密关系，在相处过程中一定会不可避免地产生矛盾，加之女人在情感中往

往更加感性，如果男友恰恰又是个"粗线条"，那矛盾就会更多。这时，双方就要积极寻找彼此都能接受的解决方案，而不是互相伤害、指责，不但要学会有话直说，还要学会有话好好说。比如，在上面的案例中，女孩就可以直接对男友说"你最近经常玩游戏，我有点儿生气了，因为游戏都把你陪我的时间占用了"，或者"没有你的陪伴，我感觉好孤单呀，要是你能多一点时间陪我就好了"。这样就既表达了自己的情绪和需求，又传达出自己对男友的期待，男友自然马上就能明白她的需求了，也会主动修正自己，让矛盾得以解决。

3. 把握好相处的边界，给感情适当留白

有些恋人经常吵架，往往是源于边界不清，觉得两个人既然相爱，就要每天黏在一起。尤其是一些缺乏安全感的女生，一旦男友不在身边，就不放心，在感情中患得患失。

爱情虽然是亲密关系的基础，爱情越甜蜜，关系越亲密，但无论多亲密的关系，其中仍然要有相对清晰的界限。要知道，男人可不会喜欢一个完全陷入爱情、失去自我的"黏人精"。只有给彼此的感情适当留白，在对方忙的时候，学会自己独处，学会利用这段时间丰富自己的生活、提升自己的能力、探索外面的世界，这样的女人在男人的眼里才会越来越有魅力，男人也会情不自禁地想要靠近。

总之，真正以爱情为基础的亲密关系，必须要以独立为基础，双方要能够彼此欣赏、彼此分享，能够支持彼此去追求自己理想的人生，并在这条路上结伴前行，共同成长，共同探索和体验生命中美妙的未知。这样的亲密关系，才能让爱情保持甜蜜、幸福，并长久地持续。

男人要的亲密关系到底是什么样的

恋爱的目的就是建立一段亲密关系，并通过与恋人之间建立起的较深的心理联结来更多地了解自己。但是，在我的咨询过程中，经常有女性朋友跟我说："小渔老师，我根本搞不清楚我男友在想什么，有时跟我亲密，对我很好，有时又会很冷漠，好像要躲着我一样。这到底是怎么回事？"

这应该是很多女性朋友都关注的问题。的确，有时我们会发现，如果我们对男友言听计从，男友非但不会因此更爱我们，反而会对我们表现出不耐烦，说我们没个性、没性格；有时我们对男友多一些关心时，男友又会说我们太黏人；有时我们想在男友面前表现得坚强、独立一些，希望男友在跟自己相处时不要有那么大压力，男友又说我们不温柔、缺乏女人味……

我相信很多女性对这些问题都特别感同身受，同时内心也会非常困惑：谈个恋爱怎么这么难？男人到底想要怎么样？

我有一个学员，是一位经济独立、各方面能力都很强的女性，但她谈了好几场恋爱，每次都以失败告终，而且她发现，自己的前男友们后来再找的女友都远不如她漂亮、有能力。她后来找到我，跟我倾诉："小渔老师，如果那些女人比我漂亮、比我有能力，我也就认了，可她们明明不如我呀，为什么最后失恋的却是我呢？"

我就告诉她："你确实很有能力，上得了厅堂，下得了厨房，能修电脑、换灯泡，自己挣钱自己花，没什么地方比男人弱。但是，你难过时在男友的面前哭过吗？遇到困难时，向你的男友求助过吗？当你发现男友有些做事方法你不认同时，你是表现出理解、接纳，还是喜欢指点，甚至是指责？你难过时就自己一个人哭，遇到困难不肯向他伸手，对他做的事又不认同、不理解，在你男友心里，你似乎根本不需要他，也不认可他，既然如此，他还留在你身边干什么？"

所以，在这个世界上，只有彼此间的关系好了，一切才会美好，但凡你们的关系相处得不轻松了，一切也就都无法美好了。

那么，男人想要的爱与亲密关系到底是什么样的呢？他在什么情况下，才能感受到你对他的爱，感受到你是真正关心他、希望他好，并且很享受与他在一起的生活呢？是你对他无条件、无要求地付出，还是对他言听计从，或者给他钱、把他和他的家人照顾得无微不至呢？

都不是。一段亲密关系是否和谐，一段爱情是否能做到心心相印，需求关系在其中起到了重要作用。你只有真正弄清楚男人在这段关系中的真正需求，才能与之融洽相处。根据我多年的咨询经验，一个男人普通也好，事业有成也罢，只要女人懂得用下面三种方法来关注他、关心他，他都会刻骨铭心，与对方关系也会越来越亲密。

1. 男人希望你能让他内心轻松

有些女性觉得，"我要让男友知道我很关心他、很在乎他"，于是经常对男友说"你得注意身体，好好休息，不要抽烟喝酒""你有什么事要跟我说，不要自己闷在心里，我们一起来分担"等，但她们却发现，男友并没有因此就更加爱她们，反而是越来越疏远她们了。

为什么呢？

因为这些关心、在乎并不会让男人感到轻松，相反，他会觉得女友每天说这些话很烦，让他很有压力，他更希望能用一种轻松、自由的方式与之相处。

其实女友完全可以换个说法，如"亲爱的，我觉得你每天挺辛苦、挺累的，你在我们这段关系中付出挺多的，我特别感动，也感觉自己特别幸运"或"我希望你能好好休息，休息好了再来找我"等。

对于男人来说，这才是真正关心他，真正让他感受到你爱他、在乎他的相处方式。也就是说，只有让他感受到他在这段关系中的付出是被在意的，但同时他又是自由的、放松的，他才会更愿意靠近你。

2. 男人需要你赏识他，站在他的角度替他思考

一段关系的和谐，需要男女双方的配合。一般来说，女性都喜欢男友赞美自己，并能事事都站在自己的角度，细致入微地为自己着想。其实男人也有这种需要，如果你能做到这一点，男人就会感觉你非常支持他、赏识他、在乎他。我建议女性朋友们回家后经常对自己的男友或老公说："这件事你做得特别棒，我都有点儿崇拜你了！""这个家有你可真好呀，我觉得特别有安全感！"你会发现，这些话一定会让你的男友或老公很开心，他对你也会越来越好。

有的女性朋友可能会说："我男友一遇到点儿事就抽烟、自己喝闷酒，根本不跟我交流，我根本不知道如何与他相处，怎么办？"

其实，男人在遇到问题时，很少会像女人那样去找人倾诉，他们更愿意独处，去内化自己的痛苦与无助。如果这时你非要让他跟你分享，甚至让他按照你的提议、要求去处理问题，他就会想逃离你。

所以，这时不妨这样跟他说："我很理解你的感受，如果你觉得自己独处会感觉舒服一些，我会尊重你。等你调整好了，要告诉我哦！"

我相信，当你对男友说出这些话时，他一定会感激你对他的理解，并且更加爱你。

3. 男人希望你能真正信任他

男人是很希望得到女人的信任和被女人需要的，因为男人天生就有一种"被信任、被需要"的使命感。女人经济独立没问题，自己修电脑、修房子都没问题，但在需要被帮助、被安抚时，一定要学会向自己心爱的男人求助，让男人知道，你是信任他的、需要他的。只有懂得在适当的时候柔软下来，你在男人心里才会是无可替代的。

在我讲课过程中，也曾有学员问我："小渔老师，万一我男友要求我改变，或者让我什么事都听他的，怎么办？"

那我要告诉你，这种情况可能是因为男人认为你没听懂他的意思，或者你根本没理解他要表达的想法，他才要求你做出改变。如果你能理解他，完全知道他要表达什么，并能把话说到他的心里时，他是不会让你改变的，因为他知道你懂他、信任他、理解他，这样的关系就很好，又何必要改变呢？

总而言之，一段关系要想和谐、甜蜜，需要男女双方的配合，而站在女性的角度来说，我们要做的就是给予男人轻松的、赏识的、信任的爱，让对方感受到你的尊重、关注、理解和需要，这才是男人理想中的恋爱模式。

男人本质不花心，只是你不懂他的心

很多遭遇情感问题的女性朋友在跟我沟通时，经常会发出这样的感慨："小渔老师，你说这个世界上还有专一的男人吗？我认为是没有的，男人都是'花心大萝卜'！""花心就是男人的本性，要找到不花心的男人几乎不可能！"或者在遭遇男友背叛后，跟我诉苦："我为他付出那么多，没想到他竟然抛弃我，去找别的女人了，凭什么呀？"

每当这些时候，我都特别能理解她们的烦恼和痛苦，但我更想告诉她们的是，这些烦恼和痛苦往往并不完全是男人带给她们的。

为什么这么说呢？

我们可以认真回想一下，在一段情感当中，我们的付出、妥协、被束缚，真的是因为某个男人吗？并非如此。在一段情感中，男人的需求也好、喜好也罢，都在向女人传递一个信息，这个信息告诉我们，不管男人喜欢什么样的女人，都是因为他们的期望在不断改变。回想一下，你在20岁或之前，与到了30岁、40岁时对男人的期望一直都是一样的吗？自然是不一样的。男人也是如此。在十几岁时，他们可能喜欢外形漂亮的女生或学习好的女生，不会考虑家庭、工作、未来等，就是一种本能的喜欢，毫无目的性；到了20多岁，他们可能又喜欢能陪自己吃苦、能并肩作战的"战友"型女生了；30岁后，他可能会渴望一个贤妻良母，一个能够帮他照顾好家庭、孩子的女人；到了四五十岁时，他们又渴望身边的女人能够真正懂他、理解他，成为他的知己；到了老年呢，他们又会喜欢那种充满朝气、生机的女性了，期待她们可以再次点燃自己对生命的热情。

这就是绝大多数男人在一生中不同阶段对于女人的不同渴望，这个渴望，恰恰就是陪在男人身边的女人所要完成的角色转变。简而言之，在不同阶段，男人对女人的期望是不同的。作为伴侣的你，如果在男人的某个年龄段脱离了他的期望，那么他可能就会远离你，去寻找符合他期望的女性。

说到这里，有的女性朋友可能会感到很不公平："难道我一生都要围着这个男人转吗？他喜欢什么样，我就要变成什么样？就没有一个男人能永远爱我吗？"

我想要告诉你的是：你并不需要以男人为圆心时时刻刻围着他转，也不需要为他做出太多改变，只要你懂得男人的心，能够透过男人的需要帮他更彻底地了解自己，从而不断改变对你的印象，他就会一直爱你。

那我们到底该怎么做，才能达到这个要求呢？

1. 你的"水平"一定要比男人高

这里所说的"水平"，并不是指你的学历、社会地位等外在的东西，也不是说你要在双方的关系上压过他，形成女强男弱的相处模式，而是指你的眼界、你的思想、你的认知一定要高于他。你要比他更了解你自己，你要有自己为人处世的规则，有自己清晰的原则与底线，有属于自己的一份自信、自知。在这种情况下，男人就没办法一下子看透你，也不能通过他的评判或标准来限制你，这就会让他一直保持一种猎奇心理，通过对你的不断了解而更加敬佩你，也就会一直爱你。

2. 能透过男人的表现，帮他更加了解自己

事实上，男人对自己的认识都是很有限的，而他们对自己的大部分认识往往都源于女人对待他们的方式和对他们的评价。所以，在一段亲密关系中，我们不但要对自己有清晰的认识，还要能透过男人的种种表现，帮助他们更加深入地了解他们自己。

比如，有些男人一遇到难题就会沉默，这时你会怎么处理呢？

我相信很多女性可能会马上跑过去，关切地问对方"你怎么啦？今天怎么不高兴呢？遇到什么麻烦事了吗，快跟我说说！"或"你有什么话说出来呀，你这样是要急死我吗？"似乎这样才是关心男人。

　　可事实却并非如此。男人此时沉默或冷漠的背后，可能正藏着一份恐惧、一份无奈，他不知道该怎么办，所以很想躲开你，自己慢慢消化。你此时不依不饶地追问他，只会让他更加烦恼、更想逃避，因为他说出来，就会觉得在你面前很没面子、会显得很无能。所以，此时你不妨允许他沉默，允许他自己去消化。你的这份允许，恰恰能帮他找回自己。当他找到了解决问题的方法后，自然就会来跟你分享。

　　当然，有些男人也会跟自己的恋人倾诉自己的烦恼，如他做错了一件事，这时，有的女人就会开始指责、抱怨男人，殊不知这只会加重男人的烦恼，更重要的是，会让男人厌烦自己。

　　聪明的女人会怎么做呢？会尽量找出男人在这件事中有道理或值得支持和肯定的地方，让男人感受到你的理解和安慰。

　　　　我的一位学员曾跟我分享过她和男友之间发生的一件小事。

　　　　有一次，她的男友跟一位同事因为工作上的事情发生了分歧，吵得很不愉快。回去后，他就怒气冲冲地跟我的学员说起了这件事。

　　　　我的学员的第一反应就是觉得她男友在这件事上做得不

太恰当，但她听过我的课，知道该如何与男友沟通。于是，她并没有劝说男友，说一些"你也有不对的地方""你这样跟同事吵架，以后还怎么一起工作"之类的话，而是像男友一样，甚至比男友更加义愤填膺地说："你吵得对！我如果是你，我也会这么做！这件事我特别理解你，尤其是你说他不顾全大局，我觉得非常对！"

结果过了一会儿，男友冷静下来，反而跟我的学员说："其实我也有不对的地方，我不应该当着那么多同事的面那样说他……"

美国心理学家埃利斯提出了一个"ABC情绪"理论，认为人在很多时候不是为事情困扰，而是被对这件事的看法困扰。显然，如果女人直接指责或批评男人，并不会给男人的认知带来任何影响，反而可能让男人更加恼火，他也不会思考自己哪些地方做得不对。只有先给他支持和安慰，让男人冷静下来，他才会去思考自己的问题。这才是高明女人的做法。

3. 用有趣的方式促使男人主动改变

有时候，我们看不惯男人的一些行为，期望男人为我们做出一些改变，如果是你，你会怎么办？是直接告诉他，还是默默地等他自己猜到？还是担心他不会改变，就委屈自己适应他呢？

我要告诉你的是，你既不需要告诉他，也不需要适应他，只需要用更高明的方法让他心甘情愿地去改变。

我的一位学员有一次跟我抱怨，她的男友不爱洗澡，但她又有点儿洁癖，很受不了男友身上的味道，为此，两人经常吵架、冷战。她问我该怎么办。

我对她说："你完全没必要为这点小事儿跟他吵架，影响彼此的关系。而且你越是逼着他洗澡、逼着他适应你，他就越讨厌你、躲避你。"我继续说："你可以这样做，把这件事当成是生活中的一件趣事、乐事来表达，如跟他在一起时，这样说，'哇，我忽然有一种跟陌生乞丐相知相伴的很刺激的感觉！'这时他就会觉得你这个比喻很有趣、很搞笑，同时也能马上意识到自己的问题。"

通过这种方式来让男人做出改变，既不会让他感到难受、难堪，也不带有逼迫、控制的意味，同时又能帮助男人了解和认识自己，不是一举两得吗？

通过以上三点，我们可以看出，有时并不是男人花心、不爱你，而是你不了解如何帮助男人认识他自己。如果你学会用不同的角色去展示自己，用不同的语言去表达自己，用有创造性的方式把你的表达变得有意义、有乐趣，让对方通过你认识自己、变成更好的自己，那么你就能让对方永远爱你。

男人背叛爱情的心理解析

对于任何一个女人来说，在开始一份情感后，都期望能与对方亲亲密密、天长地久。然而，不是每一份爱情都能走到最后，也不是每一份付出都能获得相应的回报，总有些女性朋友，明明自己没做错什么，却遭到男友的背叛，于是伤心、伤身、伤感情，甚至会痛不欲生、无法自拔。

在讲课过程中，我经常会跟学员讲，任何一段亲密关系，在男女双方相处过程中都会出现各种问题。如果说那些问题就像平常的感冒、发烧一样，那么恋人的背叛或出轨就像是亲密关系中的"重病"，处理时稍有不慎，就会导致关系的破裂与瓦解。面对这样的危机时，恋人之间就像是驾着一条小船面对大海的惊涛骇浪，充满了动荡与不安。

那么，在一段情感或亲密关系中，明明女人很用心地经营着两个人的未来，为什么男人反而会背叛这段情感呢？或者说，男人在背叛一段爱情时，是出于怎样的一种心理呢？

根据我多年的情感咨询经验，我将男人背叛爱情的心理分为以下四种类型。

1. 不以为然型

在现实生活中，我也接触过很多背叛感情的男人，如果你问他们为什么这样做，他们的回答往往是这样的："我没有背叛我女友啊，我仍然很爱她，我现在只是玩玩而已。""我没想跟她分手，我就是想找个情感寄托。"可见，在他们看来，这根本不是什么大事，他们也不会产生任何愧疚心理，或者说他们只认为自己犯了一个小小的错误，并不是不爱自己的女友，或是真的想要跟自己的正牌女友分手。

但是，这真的不算背叛吗？

我不这样认为。当一对恋人建立亲密关系后，他们之间就形成了一个隐形的契约。虽然这个契约没有白纸黑字，不像结婚证一样具有法律效力，但两个人都是心知肚明的。无论这个心理契约的具体内容是什么，只要一方觉得被背叛了，那么他们在亲密关系中遇到的问题就与婚内出轨是一样的。

这种类型的男人之所以会这样做，多数是因为他有一定的心理创伤，可能曾经遭遇过异性的背叛，后来泛化成为这样一种报复性的行为。他不爱自己的现女友吗？并不是，但他又忍不住想要去"撩骚"别人，甚至以此为乐。

2. 情感依赖型

这种类型的男人经常会觉得自己在当前的这段亲密关系中无法再从女友那里获得情感关注和积极的回应，这时他就会到外面去寻求心理满足感。

在这里我要强调一下，男人在背叛一段关系时，通常会分为三个阶段：

第一个阶段：他会感觉跟女友有矛盾，两人在一起过得都不太开心，这时他可能会表达出来，如果女友积极地回应了他，他们的关系就会继续保持下去，不容易出现背叛。

第二个阶段：两人之间再次出现矛盾，他再次提出问题，而女友没有回应，或者干脆离家出走，不理他了。在这种情况下，他就会觉得女友伤害了他的尊严。久而久之，他就会进入一种习得性无助状态，对女友的不满也越来越多。

第三个阶段：由于双方较长时间不能很好地沟通，甚至连架都懒得吵了，男人就会觉得这种关系很让人压抑，于是就想到外面去寻找心理满足。

通过分析以上三个阶段，我们会发现，如果男人在亲密关系中无法再获得女人的情感依赖，他就会走上背叛这条路，去与其他女人建立依赖关系。

3. 被动背叛型

这种类型的背叛很有趣，一对恋人的关系明明很好、很亲密，彼此也很相爱，有矛盾也能积极解决。但是，总有一些"花花草草"出于各种各样的目的靠近男人，并且对男人表现出各种暧昧、崇拜的状态，并展现自己的"楚楚可怜"。一旦男人接纳了对方的崇拜，或者安慰了对方的情绪，就相当于给予了对方积极的回应。久而久之，这种彼此间的积极回应就会越来越强烈，男人也会一步一步地被对方的"反扑"攻下，稀里糊涂地背叛了女友。

4. 难耐平淡型

当两个人的爱情甜蜜期过后，日常相处就像一对家人时，很多女人就认为这样的关系已经很亲密、很稳固了。殊不知，男人可能会感觉这样的情感或关系太平淡、太缺乏刺激，但他又不想因此就跟女友分手，便选择到外面去寻求刺激，让自己重新回到激情盎然的状态中去。

这样的事情非常常见，一些我的来访者就经历过。

　　曾经有个来访者跟我倾诉道："小渔老师，你知道吗？我们俩恋爱3年了，他现在很少再对我有甜言蜜语，也经常忘记我的生日或一些纪念日。我一直对自己说，他就是个木讷的人，我能接受，直到我看到他发给别的女人的微信，才知道，原来他会说很多甜言蜜语，也会记得很多纪念日，只是对象不是我而已。"

以上就是男人背叛爱情的四种心理类型。当然，不管男人是出于哪种心理背叛了爱情，对女人来说都是巨大的伤痛，让女人无比的愤怒。

有些心理学家认为，男人之所以会背叛爱情，是因为与恋人之间的关系本来就有裂痕，但我并不认同这个观点。有些时候，男人出现背叛行为确实是因为在亲密关系中无法满足某种需求或欲望，或在亲密关系中确实存在一些矛盾和问题，于是就通过背叛的方式来逃避压力，或到外面去寻求心理安慰。但是，这些都不应该成为背叛爱情的理由。

那么，面对男人的背叛，女性朋友又该如何应对呢？是选择马上分手，还是选择原谅呢？

在我看来，无论男人曾经或现在背叛你的原因是什么，这些都不是最重要的，最重要的是你不要因此而贬低自己，或彻底否定你们的感情。要知道，这不是你的错，也不是你们之间关系的错。并非只有有情感问题的恋人才会遭遇背叛，有时即使是关系很亲密的恋人，也可能会遭遇背叛。你当下要做的，就是看你与对方是否还能从这种严重的情感危机中恢复过来，重新建立对彼此的信任。因为有些恩爱的恋人，在日常生活中已经建立起牢固的依恋关系，即使遭遇了男人的背叛，女人也仍然坚信他是爱自己的，所以也能再次建立信任。这不能说女人因此就不介意男人背叛，而是她的爱战胜了恨。

　　当然，要做到这一点会非常艰难。我只想告诉大家，背叛不一定全以分手结束，也不一定要选择原谅，关键就在于你们是否都愿意把背叛当成是亲密关系中的一段插曲，然后愿意重新去修复你们的关系。如果你们因此而对对方更加了解和接纳，并努力地、相互配合地去修复这段关系，那么你们的关系反而会有"涅槃重生"般的亲密。

　　还有一点，在与男人确定关系时，女人最好能提前"约法三章"，就是跟对方明确一下，自己能接受对方与其他女性相处的范围或行为接触上的边界，如不能拉手、不能拥抱、不能半夜聊天等。也就是说，你要让对方清晰地知道从身体到心灵与其他异性相处的边界和原则。提前把"丑话"说出来，比事情发生后再去说更有效果。如果那时再说，他可能就会为自己辩白，或者认为你无理取闹。

　　如果男人的异性朋友较多的话，你也要提前做好心理准备，因为对方出轨的概率可能比较大。当然，最终还在于你更看重对方身上的哪些优点，以及你是否能在这段关系中获得自我成长，这一点才是最重要的。这要比你把所有精力都放在男人身上更有意义。

当你发现男人跟其他异性有暧昧不清的行为时，你也需要精准地表达出自己的难过情绪。但要注意，不要去抱怨、指责男人，也不要强势地表达自己的情绪，而是适当带着一丝委屈，告知对方你内心的真实感受，请求对方找到一个恰当的处理方案。只有当男人对你感到内疚时，他才有可能真正去解决问题，避免以后再发生同样的事情，从而使两个人的感情更加稳定。

单纯的女人就会幸福吗

我们经常听到很多女人说，女人就是越单纯越幸福、越"傻"越快乐，"傻人有傻福"嘛！

事实真是这样吗？

我相信，每个女人的潜意识中都希望自己能够永远单纯率直，做事不必瞻前顾后，也不用察言观色，想怎样就怎样，即使在恋爱时，也能有什么说什么、想做什么就做什么，而男友可以永远宠爱自己、宽容自己。

但我要告诉你的是，这种幻想只能停留在我们最纯真的小时候，当我们长大成人、步入社会、迈入爱情和婚姻后，再这样的话往往就只有被欺骗的份儿了。

　　我曾经有一位学员，是个非常可爱、善良的女孩，有一天她哭着给我打电话，说男友要跟她分手，问我该怎么办。
　　这个学员跟她男友的情况我了解一些，她就是那种很纯粹、很率直同时又很温柔的女孩，平时话也不多，说话也是三句不离男友。通过她我了解到，她的男友刚追她时，对她还是不错的，事事嘘寒问暖、关怀有加，可追到手后，男友很快就对她失去了兴趣，还经常嫌她做事笨手笨脚、太乏味、说话不过大脑……为了能跟男友在一起，她小心翼翼，事事都顺着男友，可越是这样，男友越看不上她，最后终于跟她提出了分手。

我相信现实生活中有很多女生都是这样，她们心思简单、纯粹，待人真诚，清纯可爱，所以也很容易引起男人的关注。但是，当男人成功追到这样的女生，在新鲜感和激情过后，很快就会对她们失去兴趣，亲密关系也难以继续发展。
　　为什么会这样呢？难道单纯的女生就不配拥有爱情和亲密关系吗？
　　当然不是。只是，单纯的女生想要拥有甜蜜的爱情和幸福的关系，需要有个重要前提，就是除了单纯，你还有能够持续吸引男人的特质。

行为经济学中有个重要概念，叫作"心理账户"，指的是我们会把自己口袋里的钱分别放在不同的心理账户中，如生活账户、情感账户、娱乐账户等，而且我们放在不同账户中的钱肯定也是不等的。

举个例子，现在超市和商场都会卖巧克力。同样一块巧克力，如果商场宣传的是这块巧克力口感如何好，并且定价每块200元，我想很难有人愿意出钱买；但如果宣传的是这块巧克力是爱情的象征，是一份美好的爱情礼物，我想应该就有很多人愿意花200元买下它。

同样的巧克力，同样的价钱，为什么换一个宣传方案，就卖出去了呢？

原因就在于两个方案将巧克力划分到了不同的账户之中。如果把它划分到食物里，它就不值200元；如果划分到爱情或礼物的情感账户里，它的"身价"就大大提升了。

爱情里也有默认的心理账户，如女神账户、普通账户、备胎账户等。你处于不同的账户中，在爱情里就会获得不同的待遇，这就是为什么有的女人在爱情中活成了仙女、女神，而有的女人却活成了怨妇、保姆。

所以，如果你想获得更好、更甜美的爱情，就必须让自己进入到仙女、女神的心理账户中，甚至在爱情中活成"限量版"。

怎样才能做到这一点呢？

1. 掌握爱情"抓握法"

对于女人来说，要想获得一段长久的感情，让男友对你宠爱有加，让自己更加幸福，就一定要掌握一个重要方法——抓握法。

什么叫抓握法？它不是抓取和控制，而是一种对自我情感的判断和把握。这里你要明白一点，任何一个男人，他绝对不会喜欢你不好的样子。假如你的男友对你说"我爱你的全部，连你的缺点我都爱"，这很可能是你们刚刚进入热恋阶段，他对你还持有巨大的兴趣。随着时间的推移和感情的平淡，你那些不好的样子在他面前表现得越来越多，他就会慢慢感到厌倦。

相反，如果一个男人告诉你："我爱你本来的样子，但你的缺点我不喜欢。不过从整体上来说，我还是很欣赏、很喜欢你的，跟你相处我感觉很舒服，有边界和自由。"那这个男人才是真正爱你的。

2. 不要全然地为对方付出时间和精力

很多性格单纯的女孩，一旦进入一段感情，就会非常实在，掏心掏肺地对男友好，结果却不一定能换来男友全然的爱。

这是由于男人与女人相比就是一种完全不同的生物。一旦男人在一段感情中获得了百分百的安全感，那这份情感同时也带给了他百分百的挫败感，因为男人就像一个战士或竞赛者，而战士和竞赛者最享受的就是打胜仗的过程。如果你告诉他，不用打仗就胜利了，或者不用比赛就能获奖，他一定会很失落。爱情中的大多数男人也是如此，最享受的是征服的过程，一旦"拿下"你了，他们便会逐渐失去兴趣。所以很多女性朋友会发现，在确立恋爱关系后，男友慢慢会变得懈怠，不再像追求自己时那样用心了。

如果你不想让男友对你失去兴趣，就不要在他的身上付出全部的时间和精力。你可以用语言告诉他你有多爱他，但行动上一定要有所保留，这样他才会一直对你保持好奇和兴趣，对你们之间的关系也会更加在意。

当然，我并不是教你做言行不一的人，而是说我们要让自己的表达多于行为，同时还要掌握表达的技巧，你不能每天都对他说"我好爱你啊，我离不开你"一类的话，这是很乏味的，而是要在某件事或某个态度上对他表示出认同和欣赏。比如，你可以这样对你的男友说："亲爱的你知道吗？你这件事处理得特别完美，我简直都开始崇拜你了！"这对于男人的自尊心来说会是一个极大的满足，它的效果甚至超过你对他说一百遍"我爱你"。

由此可见，爱情中的女人是不能太单纯的。只有在爱情中有"抓握感"，能够做到"言行不一"的女人，才会让男人觉得你是捉摸不透的，他才会有兴趣继续与你发展亲密关系，并且给予你越来越多的关注和爱。

爱情中要有原则和底线

在现实生活中，很多女人都发现自己另一半的热情很容易消退，想要维持甜美的爱情非常难，也就是所谓的"相爱容易相处难"。在我的课上，也常有学员问我说，"为什么我的男友一开始追我时热情似火，相处一两年后就不知道热情为何物了呢？哪怕是以前觉得我好的地方，现在也认为一文不值了"。

一般我会告诉她们，"这是因为你在他的面前太千篇一律了，有时为了维持你们的关系，你又表现得过于卑微、迁就、无原则、无底线。但你越是这般，男人就越不尊重你，越喜欢对你提各种要求，以彰显他的权威地位。这样的爱情是不对等的，你也不会获得幸福"。

我接触过很多在爱情和婚姻中无原则、无底线的女性，其中就有一个女孩，男友有暴力倾向。一开始两人因为一点小事闹矛盾时，男友会生气地摔东西。女孩以为自己以后多劝劝男友，慢慢就好了。

没想到，有一次，两人因为一件事吵得比较厉害，男友狠狠抓住女孩的胳膊，把女孩抡了出去，女孩的胳膊、腿都受了伤。

这次女孩提出了分手，可男友哄了几次，女孩心软了，两个人和好了。

这之后，只要吵架，男友就动手，两人闹分手，可男友几句好话，她就又回到男友身边了。

这些女孩，一开始都说自己接受不了男友这样、那样，可最后都接受了，也都忍了下来，我就想知道，你的底线和原则在哪里？你的一再退让不仅不会换来对方的真心相待，反而让对方觉得，反正不管他怎样你都能接受，他还有什么可怕的呢？

在爱情中没有原则和底线的女人，不管跟谁在一起，都避免不了被伤害的命运。试想，你都不尊重、不爱惜自己，别人又怎么会尊重你、爱惜你？一旦你的原则和底线崩塌，你在这段关系中就成了一个怨妇。

恋爱中的女人必须记住一件事，就是一定要保持自己的原则和底线，要学会为男人建立"框架"。什么是框架？它其实就是双方默认的规则。比如，有些女人明明很优秀，但什么都要听男友的，偶尔坚持自己的想法任性一回，还被男友奚落、批评，遇到节假日，必须跟男友回他家过节，否则就会被男友一通指责。这就是男人有"框架"，而女人没有。男人认为对方在这段感情中就该这样，还早早地为其树立了"框架"，将对方"框"入其中，女人只有在这个"框架"内做事，他才会认同，否则就是不对的。

不管是在爱情还是婚姻里，这个"框架"都非常重要。如果你想获得爱和尊重，就必须有自己的原则和"框架"。

那我们要怎样建立"框架"、坚守自己的原则呢？我建议你首先要做到以下两点：

1. 在男人面前提升你的自身价值

提升自身的价值，就是要让男人在你身上有所付出。这个付出并不完全指男人给你花钱，还包括满足你向他提出的一些其他要求。

比如，一开始你先从一些小事来向男人提要求，如帮你拿一下包、给你倒一杯水、帮你捶捶背，或者帮你买杯饮料、陪你一起看场电影等。当男人慢慢习惯了这些后，你再稍微增加些难度。

在这个过程中，你还要做到的一点就是不断强调他的行为是爱你的表现，如跟他说"亲爱的，我就知道你愿意帮我，你最爱我了""你愿意为我做这些，我特别感动，我就知道你爱我"等。男人是需要被催眠的，你经常这样说，他才会认为自己为你付出时就是在爱你。而为了表现他对你的爱，他也会愿意不断地为你付出，这时你们的关系才会越来越亲密、融洽。

2. 让男人重视你的情绪价值

什么是情绪价值？就是要让男人来哄你开心。尤其在男人向你提出某些要求时，你就可以趁机以撒娇的口吻向他提出条件，可以说"我也可以做呀，但我有个小要求，就是你要把我哄开心才行"。男人这时是很愿意这样做的，不仅因为他有求于你，还因为他喜欢女人在他面前撒娇。

有些女人觉得，这样做是不是太矫情了？帮自己的男友办事，还提什么条件呀！那我告诉你，这其实是一种价值交换，他要的是你帮他做事的价值，而你要的就是情绪价值。如果你轻易就答应他，他是很难感受到你的爱的，只有他也为你努力了、付出了，他才能感受到爱，感受到自己遇到了真爱。

当你做到以上两点后，接下来就可以为男人建立"框架"，树立自己的原则了。比如，当男人以忙为借口不想干家务时，你就可以向他提出有利于你的要求，让男人知道，做家务不是你一个人的事，如果要你来做，他也必须付出相应的回报。有了之前的心理建设，男人也会慢慢习惯这种相处模式，知道你的原则和底线是什么，并且不会去轻易触碰，这样反而有助于两个人感情的培养。当男人觉得你有自己的态度、很有价值时，如果他不想失去你的话，就会尊重你的态度，而不是去与你争吵。所以在爱情中做个有原则、有底线的女人，在一定程度上将有助于和对方发展感情、建立关系。

掌握爱的技巧，让关系更亲密

每个陷入爱情中的女人，都希望自己的男友能更爱自己，但这个世界上没有无缘无故的爱，男人不会只因为你长得美、身材棒，即使你什么都不做，也会离不开你。要想维持一段甜蜜的关系，你总要给他一个爱你的理由。

所以，我经常会跟听我课或找我咨询的女性朋友说，爱情是相互的，在一段感情里，你要学会付出，才能获得回报。但付出并不是完全没有自我地爱对方，而是要懂得付出的技巧，让你的付出被看到、被感受到。

不过，根据我多年的情感咨询经验，我发现，很多女生都不知道如何在爱情中自处，她们有的慌张、有的怀疑，有的过强、有的过弱，即使一心一意地爱着对方、为对方付出，仍然会时刻担心自己没办法吸引对方，或最后就真的被对方嫌弃、抛弃，成为爱情中的失败者。

那么，怎样才能让自己的付出更有效，让自己在一段亲密关系中更能获得对方的爱呢？

方法其实并不难，只要你跟着小渔老师学会以下三点，就一定能让你的男友越来越爱你、越来越离不开你。

1. 学会夸赞你的男友

很多朋友看到这个标题，可能都有点儿不屑，"夸人啊，那谁不会！还用教吗？"

但我要告诉你的是，夸人也是有技巧的，如果你不停地夸你男友身上的各种优点，如帅气、细心、有魅力、人际关系好、工作能力强、给你买礼物从不小气等，那么男人就会想："我这么优秀，自然要找更优秀的女人了，还要你干什么？"可见这种夸赞方法并不可取。

真正夸男人，一定要夸到"点子"上，但"点子"不是你直接夸他，也不是夸他送给你的东西，而是夸他为你做的事，以及夸他做事时的状态和做事的过程。

> 男友出差回来，给你带回来一套化妆品，不管这套化妆品是不是你喜欢的，你都要借此机会夸一下男友，加深一下你们之间的感情。

不过，如果你这时直接夸这件化妆品："哇，这是我最喜欢的牌子了，亲爱的你真好！"那么男人以后可能会继续送这个牌子的化妆品给你，而实际上你可能并不喜欢。

但如果你这样说："亲爱的，谢谢你给我买的礼物，我正好最近想买一套化妆品呢，你真懂我的心！我相信，你在挑选这套化妆品时，满心想的肯定都是我，我感受到你送这个礼物时是多么爱我！"这样一来，你就把这件礼物与你的偏好、审美、性格等联系在了一起，让男人以后一看到这个品牌或者化妆品，马上就会联想到你，并且你还让他知道，他送你礼物的这个行为是爱你的体现。

也就是说，你在夸对方的时候，一定要把他的行为与爱你之间联系起来，这对于直男来说非常重要。因为在生活中，很多男人不懂如何表达爱，而你在夸他时，就是要给男人创造一种感觉或催眠效应，让他认为他这样做就是在爱你。

2. 学会提升自己的魅力

说到提升自己的魅力，很多女人认为就是把自己打扮得更漂亮、更有气质，这当然是魅力的一方面，但却不够全面。

魅力是什么？是一种吸引力，它分为外在吸引力和内在吸引力。外在吸引力自然就是你的外表、打扮、穿衣风格等，这些是能让人感知到的部分，但同时你还要有内在的、让人不能轻易感知到的吸引人的部分，那就是带给男人的新鲜感和刺激感，让男人觉得你永远捉摸不透，但又魅力四射，因而才会时刻被你吸引。

提升自己的魅力，首先，要让自己时刻保持进步。

这里所说的进步，并不是说要在工作上、事业上不断突破，变得越来越强，如果你能做到这点当然更好，做不到也没关系。因为我说的进步，是指你能时刻让自己保持变化，如认识新的朋友、参加有趣的活动、获得更多新的心得等，并随时将这些变化分享给你的男友，让你的男友看到你越来越多的面，而不是永远都是一面。男人都喜欢有新鲜感的女人，而你的多变也会让他更想了解你，想知道你还会带给他什么样的惊喜。这时，他就会觉得离不开你。

同时，你还要经常告诉他："亲爱的你知道吗？我经历越多，就越发现你是最好的。虽然我也见到过很多优秀的人，但总感觉他们都不如你，你在我心中永远都是最棒的、最特别的！"

其次，不断扩大自己的优势或兴趣。

每个人都有自己的优势或兴趣，如果你能抓住其中的一个优势或兴趣点展开一些活动，或使之成为一种社交手段，并由此产生价值，那么你就是非常有魅力的。因为这是在向对方展现你的社会价值，而男人的天性是喜欢他所佩服的女人的，也许你不够漂亮、不够性感、不够温柔，但你有自己的圈层、有自己的追求、有独立的想法，并且能把想法变成行动，这些对男人都是非常有挑战性和吸引力的。如果你在这些方面做得越来越好，那你在男人眼里就会越来越有魅力。

3. 学会欲擒故纵，让彼此都有自己的空间

有些女人时时刻刻都想跟自己的男友守在一起，以为这样才是爱情、是不离不弃。男人一开始可能会感觉很享受，但时间久了，他就会厌烦，想要逃离了。

与其如此，你不如一开始就学会给予彼此自处的时间和空间，罗素就曾说过："爱情只有当它是自由自在时，才会叶茂花繁。"彼此都有空间，才会一直保持新鲜感、神秘感。如果时刻都腻在一起，新鲜感和神秘感很快消失，爱情也会随之消散。

所以，你不妨经常跟他说："亲爱的，你是不是该回去看看家人了？""你很久没跟朋友约饭了吧，是不是该约个饭，联络联络感情呢？"或者"我看你最近比较忙，如果你不太想我打扰你，我就自己先乖乖待着啦，等你忙完再来找我就好。"

这就是欲擒故纵，你想让男人更爱你、更想与你建立亲密关系，就要先让他知道，没有他你也能过得很好，你有自己独立的人格，不

会完全依附于他。男人喜欢女人在自己身边撒娇、喜欢被女人依赖，但不喜欢依赖他却情感上不能独立的女人。

总而言之，要让男人越来越爱你并不难，关键就在于你要把握好彼此相处的方式，真正心心相印的亲密关系应该是这样的——在一起时黏度很高，不在一起时又都很独立。在一起时，双方都能充分感受到是在甜蜜地恋爱、愉快地沟通；独处时，又能百分百地聚焦自己，把自己的工作和生活经营好。这才是健康又幸福的亲密关系。

婚前磨合期：

给婚姻设置一段冷静时间

当与恋人度过一段甜蜜的热恋期后，你可能会发现，你们的感情渐渐变得平淡了，虽然你们仍然是一对亲密的情侣，但对于关系的满意度、投入水平等，较之前都有所下降，甚至开始对对方有了不满。此时，盲目地迈入婚姻或选择分手，都不是最恰当的选择，而是应该再给婚姻设置一段冷静时间，重新整理和磨合一下你们的关系。如果顺利度过了平淡期，你们的感情会再度升温，并且走向稳定，这时才是迈入婚姻的最佳时机。

闪婚是浪漫童话，也是冒险游戏

闪婚在今天已不是什么新鲜事了，我们身边应该都有一些闪婚的夫妻，婚姻幸福的也有，如歌唱家刘欢，在跟妻子卢璐认识9天后就结婚了，至今仍然恩爱如初。

当然，我也遇到过闪婚后不幸福的人，在我的学员和咨询者中就见到过。

在我的情感咨询者当中，有一位给我的印象非常深刻，她是一位"三高"人士——学历高、薪水高、颜值高。这样出色的女性身边应该不乏优秀男士的追求吧？可偏偏这位美女是个相信一见钟情的人，对身边追求她的男士通通不来电。

随着年龄的逐渐增大，家里人也开始催婚了。就在这个时候，她在一次出差途中偶遇了一位帅气多金的"海归"。两人相见恨晚，当天就互相留下了联系方式，出差回来后就开始约会。一个月后，两个爱得死去活来的人闪婚了。

但是，婚后她很快就发现了问题，这个男人的控制欲非常强，不但每天查她的手机，还不允许她跟男同事和男性朋友来往，只要他发现了，就会用各种情感虐待方式对待她，讽刺、挖苦、冷暴力几乎成了家常便饭。半年后，他们就离婚了。

来找我做情感咨询时，她刚刚离婚。这段闪婚经历让她很受伤，导致她完全陷入了一种自我怀疑的情绪之中。我帮她进行了两个多月的调整后，她才慢慢从这段伤痛中走出来。

这种情况其实就是闪婚典型的风险之一。在没有比较全面地了解一个人的前提下，仅凭一腔热情就投入到婚姻中，一旦婚后发现对方有性格缺陷，或者与你在生活习惯、价值观或性生活等方面不和谐，这段关系就会很难持续。

当然，闪婚初期还是充满浪漫与刺激的，两个人相见恨晚、如胶似漆，一刻都不想分离，就像一对双生子一样。但很快，两个人在热恋时刻意掩盖或忽视的缺点就会一一暴露出来，不和谐的声音也开始出现，你也开始自我怀疑："难道我当初看错他了吗？"其实根本不是你看错了人，而是你才刚看到对方真实的一面而已。在这种情况下，不论选择离婚还是继续维持婚姻，都是很痛苦的。

所以说，闪婚很美、很浪漫，但同样很冒险。

那么有人可能会问："小渔老师，你是完全反对闪婚吗？"

其实也不能这么绝对地下结论，虽然在很多人看来，闪婚都是婚姻危险的代名词，毕竟闪婚也有幸福的，而且恋爱时间的长短与婚姻幸福与否也不存在因果关系。但我个人认为，在没有很清楚地了解一个人之前，尽量不要玩这种冒险游戏。爱情就像煮饭一样，你得掌握好火候。恋爱时间太短，饭会夹生、煮不熟，吃了容易消化不良；当然恋爱时间太长也不好，谈了七八年都没结果，则大概率是很难走入婚姻了。最好的爱情应该是在顺利度过甜蜜的热恋期后，又经过一段时间的磨合，自然而然地迈入婚姻。这样的婚姻就像应季的水果一样，自然成熟，味道最佳。

既然如此，恋爱多久才适合结婚呢？这一点是没有标准答案的，尽管有心理学家认为，两个人恋爱时，荷尔蒙最长的持续时间能达到两年，但两年并不见得就是一个标准时间。所以，与其纠结恋爱多久才适合结婚，倒不如多关心你和男友对待婚姻的态度，以及你们相互的了解程度，毕竟这对于维护彼此之间的亲密关系才是更重要的。

1. 你们对婚姻的态度是否一致

我经常说一句话："爱情是两个人的天崩地裂，婚姻则是两个家庭的细水长流。"与爱情相比，婚姻表面上虽然只是多了一张纸，可实质上却是多出了许多责任和义务，更多出了日复一日的柴米油盐。所以，你与对方在生活态度乃至生活细节上的一致性非常重要，至少在结婚前，你要了解清楚对方如何看待婚姻、金钱、孩子、家庭关系等问题，以及你们彼此在亲密关系、事业发展、婚姻忠诚度、两性生活等方面的契合程度如何。

这是一件"时间短、任务重"的大事，你要先知道自己想要什么，再通过对对方的了解，确认对方能不能给到你想要的。只有这样，才能在较短时间内确定自己要嫁的人是不是那个"Mr Right"。

2. 接纳男人在婚前婚后的反差

很多进入婚姻后的女性朋友跟我反映，说自己的伴侣在结婚前对自己体贴温柔，可婚后就变了，对自己没那么热情和积极了，她们就很担心，老公是不是不爱自己了。

如果你还没进入婚姻，那你一定要做好出现这种状况的心理准备，因为很多男人在婚前和婚后是会出现态度的转变的，即使你是通过闪婚进入婚姻的，一开始男人对你就像刚刚热恋时一般激情四射，但过了这个阶段，他的热情仍然会消退。

所以，如果你打算做一个勇敢的闪婚者，就要做好承受落差的心理准备，否则我劝你要慎重。

当然，不论是闪婚还是通过正常的恋爱进入婚姻，选对人和学会经营婚姻都很重要。经常有一些咨询者跟我抱怨，"哎呀，我真倒霉，千挑万选的人还是出现了我担心的那些问题"。事实上,如果你自己有一些问题没有处理好,那即使通过正常的恋爱进入婚姻,这些潜在的问题依然会涌现出来。因为带着一个失衡的自我进入婚姻关系时,婚姻本身也容易跟着失衡;唯有知道自己想要什么,以及如何经营自己,你才更容易在未来的婚姻中获得幸福。

恐婚,是对亲密关系的不信任

就在不久前,我曾经的一位来访者,也是我一位很好的朋友,终于与她的白马王子携手走进了婚姻殿堂。她和她的老公是大学同学,两人从大学时期就开始相恋,毕业七八年后,两人在事业方面都很顺利,甚至可以说是小有成就,可就是不结婚。男友其实很爱她,也想结婚,可问题出在我朋友身上,她很恐婚,老担心自己婚后处理不好各种关系,会让彼此受到伤害。

一年前,在朋友的推荐下,她找到我。通过分析,我找到了她恐婚的根源,同时也帮她重新调整了自己的状态,最终她坦然、自信地与心爱之人修成了正果。

现如今,恐婚已成为一种亲密关系中的普遍现象——明明两个人很相爱，各方面都很合拍，爱情长跑也跑了好几年，但就是不敢步入婚姻；有的好不容易下定决心结婚了，却在领证的前一秒落荒而逃，最后白白失去了一段美好的感情。

我曾经有个学员就干过这样的事，她跟男友恋爱两年多，感情也很好，自己对家庭生活也心生向往，按理说结婚也是水到渠成的事。可就在她跟男友到民政局领证的那一刻，她忽然就退缩了，后来她跟我说，她当时恐惧到了极点，甚至在民政局门口放声大哭，把周围的人都吓得不轻，男友也因此生气地跟她分了手。

婚姻原本是人生最美好的安排之一，可为什么有这么多人会对它感到恐惧呢？很大一部分原因，是她们对这段亲密关系不信任，而导致这种不信任的原因有很多，我认为其中最主要的有以下三种：

1. 原生家庭的影响

很多女孩有恐婚心理，是因为曾经生活在一个不健全或父母关系比较糟糕的家庭中，比如，父母在她很小的时候离异，她和父亲或母亲长期处于一种分离状态，或者父母虽然没有离异，却经常吵架。这种环境中长大的孩子，没有从家庭中获得充分的情感满足，与家庭建立起来的依恋关系也是不稳定的，总觉得身边的人都靠不住，担心自己有一天会被抛弃，或者担心自己结婚后也会像父母一样，陷入无尽的争吵之中。

在这种心理影响下，她们就对婚姻很排斥，就像我的一位学员曾跟我说的那样："我不想嫁给像我爸一样的人，也不想变成我妈那样的女人，更不想我的孩子经历我的人生。"哪怕遇到的那个人明明很好、很爱她，但她面对婚姻时内心仍然会选择回避。本节开头案例中提到的女孩，也是因为父母常年争吵，家庭关系很不和谐，所以她才一直不敢面对婚姻。

2. 消极的自我认同感

曾经有一位咨询者跟我说："小渔老师，我觉得自己特别差劲，根本配不上我男友，他怎么能愿意跟我结婚呢？虽然他现在向我求婚了，可我觉得他以后肯定会跟我离婚的。"

我就问她，为什么你觉得自己差劲呢？她就给我列了一大堆她的缺点，同时列了一大堆她男友的优点，然后说："你看，我这么差，我男友这么优秀，他怎么可能一直爱我呢？与其以后被他离婚，不如现在就不要结婚。"

但她真的很差劲吗？并不是。她是一名大学老师，长相、身材、性格都不错，可能由于从小父母对她要求比较严格，并经常以"打击"的方式教育她，生怕她骄傲自满，结果就形成了她这种消极的自我认同。而越是面对亲密的人，她就越自卑，同时也越想疏离，生怕对方看到她的缺点，担心对方不会接受这样平凡的她。

在我接触的咨询者中，很多女性都有这种心理。有的面对喜欢的人，也极力克制自己，不敢在对方面前表达一点儿心思，只能默默地暗恋人家。这些女性普遍的心理活动就是："他那么优秀，怎么会看上我呢？真的向他表白的话，估计连朋友都做不成了！"

这种消极的自我认同感，以及对自身的不自信，就会导致她们"投射性地"认为"他也会觉得我很差，一定不会接受我""我有这么多不足，他肯定不会永远爱我、包容我"等，其实这完全是把自我厌恶强加给对方，以己度人。

3. 现实环境的影响

现代人的恐婚与离婚率的不断攀升也有很大关系，频频升高的离婚率让这些徘徊在"围城"之外的人开始担忧："万一有一天我也离婚了，满身伤痕，日子还怎么过？"这种心理也会动摇她们迈入婚姻的决心。

另外，第三者插足、伴侣出轨、冷暴力、婆媳矛盾、产后抑郁、孩子教育等问题，同样在不断"劝退"那些即将迈入婚姻大门的人，让她们"未婚先惧"，生怕自己婚后也遭遇到同样的问题，而且每次看到这样的事件或新闻，她们还会不断安慰自己："我不结婚就对了！"

恐婚的原因多种多样，但如果各方面条件都已经成熟，只是因为你自己迈不过心里的那一道坎儿，那么你就要调整一下自己的状态了。

要克服恐婚心理，一方面要逐渐与你的原生家庭和解，不管它曾经带给你的是什么，都要尽量摆脱它对你产生的负面影响；另一方面要不断增加自我认同感，降低自卑性投射的影响，学会认同自己，看到自己身上优秀的地方，慢慢与自卑和解，逐渐发展出试一试的勇气。一旦你的内心不断暗示你"这段关系必然会破裂"时，我教你一个方法，就是与自己"辩论"："这些念头到底是真理，还是我从过去的生活经验中获得的？""我现在的恋人，是与曾经伤害我的父母一样，还是另一个完全不同的个体？"

当你逐渐意识到，其实你的恐惧、担忧都是针对过去的，而现在的恋人与曾经那些伤害你的人完全不同，他是值得你信任的人，你就会慢慢调整对自己的认识，对你们的关系重新树立起信心，并能够与对方更加轻松、笃定地面对未来了。

每一段关系都会遭遇"喜新厌旧"

喜新厌旧，这是人的本性。刚刚恋爱时，每天都想黏在一起，说多少情话都不嫌多，怎么看都看不腻。除了彼此，其他人都是浮云。可恋爱一年甚至仅仅几个月后，双方的热情就会慢慢冷却，于是在一起的时间逐渐缩短，话也没以前那么多了，就算没有第三者插进来，也觉得感情在不断降温。

难道是两个人不相爱了吗？并不是。实际上，不论你多爱你的男友，或者你的男友多么离不开你，相处时间久了，都会不可避免地出现厌倦情绪，激情越来越少，严重的甚至会相看两生厌。这也就意味着，不管曾经多么甜蜜的一对恋人，最终都会在慢慢适应中，形成一种平淡的习惯。此时，如果彼此间的信任和承诺没有建立起来，那这段亲密关系就很可能会真的逐渐降温。

但是，有些女性在感情中往往很感性，一旦发现男友对自己不如以前热情了，就会不习惯，甚至认定对方不爱自己了、对自己失去兴趣了，有的女性还会大吵大闹，指责男友把自己追到手后就不在乎了，甚至以分手相威胁。而在男人看来，既然彼此的关系已经稳定，就没必要整天腻在一起了，彼此都有点独处的时间也挺好的，何况男人本来就是一种喜欢追求新鲜、刺激的生物，爱情这件事一旦"搞定"了，他就会把精力放在寻求更有挑战性的事物上。

这时双方就容易出现矛盾，这也是大部分情侣在结婚前都会经历的一个阶段，而是否能顺利度过这个阶段，则会影响到你们的关系是走向破裂，还是会稳定地发展下去。如果能顺利度过，你们的关系就会进入稳定期，亲密度也会继续稳步增加，继而成功迈入婚姻。

那么，处于这个阶段的恋人该怎样平稳地度过这个阶段，或者说，面对这种矛盾时，作为其中主角之一的女性，该怎样做呢？

我一般给女性朋友的建议如下。

1. 适当降低你的期望值

感情进入"平淡期"，正是你摘掉"理想化眼镜"的开始。也就是说，从此时起，你之前对对方的一切美好想象都要逐渐归于现实。这个转变对大多数女人来说是比较难的，因为过去觉得无比美好的部分，现在可能发现不过如此。有些女性朋友在刚刚摘掉"理想化眼镜"时，还会对对方的缺点产生放大效应，比如，以前闻到他身上的汗味时，会感觉他很有男人味，现在却觉得他不讲卫生、很邋遢。

在我处理过的情感咨询案例中，有一种最难处理的，就是双方热恋时对彼此的期望值过高，一开始觉得对方在自己眼里真的就是"踩着七彩祥云的盖世英雄"或"白马王子"，哪里都是好的，一旦热情冷却，再瞧对方就哪儿哪儿都不顺眼了。这时如果不及时调整期望值，这段关系很可能就会画上句号。

实际上，任何一个人都不可能只有优点，没有缺点，如果一开始就对对方抱有合理的期望值，后面即使发现他有缺点，也不会感觉落差太大。当然，如果已经产生落差，那就只能适当降低自己的期望值了。

那是不是把对对方的期望值降得越低，获得的幸福感就越高呢？

当然不是，如果降到你对对方都无欲无求了，那你们之间的感情还从何谈起呢？所以期望值合理才最重要。

我有一位朋友，她一直想找一个特别"man"的男人，因为她的父母在她很小时就离异了，她跟着妈妈生活，一直对父亲这个角色充满期望。所以，她就想找个特别能为自己遮风挡雨、让自己特有安全感的男人。

后来，她还真找了一个高大帅气的男友，每次她站在男友身边，都是一副小鸟依人的样子。两个人一开始也爱得很炽热，我每次见到她，她都是一副幸福的小女人模样。可大约一年后，她就开始跟我抱怨，说男友不细心、不温柔，不知道主动照顾她、陪伴她，两个人也开始出现争吵、冷战。

这就是对男人产生了不够合理的期望值，既希望男人像雄狮一样威猛、男友力爆棚，又希望男友是个暖男，能时刻洞察她的需求，对她体贴入微。我想就算是自己的父亲，也很难做到这么完美。不合理的期望值，自然就无法修复彼此的关系，所以他们最后还是分手了。

2. 明确双方的原则和底线

女人在爱情中一定要有自己的原则和底线，这也是你在爱情中应有的价值观。在甜蜜的热恋期，男女双方都在极力表现自己最好的一面，所以你很难发现对方身上有你不能容忍的地方，但到了平淡期，双方在情感上逐渐放松下来，一些自身的缺点或处事习惯等就会逐渐暴露出来。一旦你发现对方在某些方面突破了你的原则和底线，一定要及时终止这段关系。否则结婚后，伴随着琐碎的婚姻生活，你就会不断放大他的这些问题，终有一天忍无可忍时，只能以离婚收场。

其实，随着关系的深入，你在内心中就要列下一个清单，列出对方身上的缺点、与你的不同之处、对你不认同的地方等，并按重要程度为这些问题排序，看看哪些是你完全不能接受的，哪些是可以接受的。有些事在沟通之后，彼此都做出了让步，那你也可以选择包容；但有些事如果对方一直在触碰你的底线，就不要再勉强自己做个大度的人了。

同样，你也要注意了解男友的原则和底线，衡量一下自己是否能在不委屈自己的前提下满足男友在这段关系中的期望。只有通过这样的磨合，你们之间的关系才会越来越和谐，感情才会慢慢向平稳期过渡。

如何谈钱才不伤感情

我们经常会跟朋友调侃："谈什么钱啊，谈钱多伤感情呀！"在恋爱当中，有时恋人之间也会刻意避开钱的问题，担心谈钱会被恋人认为太物质，伤害了彼此间的感情。但是，不谈钱，就真的不会伤感情了吗？尤其在你们已经感情比较稳定，有走入婚姻的打算时，谈钱就更不可避免。要知道，不管是结婚时还是结婚后，方方面面都离不开钱，这时如果能认真聊聊彼此对金钱的看法，如愿意把钱花在哪些方面、比例多少等，就能提前在金钱方面达成更多共识，并且谈得越细致，你就越能了解对方与自己在金钱观方面是否一致。

在我接到过的咨询中，有这样一个个案，女生大学毕业后就跟男生在一起了，爱情开始时，两个人都刚刚步入社会，赚的钱都不多，所以男友几乎没为她花过什么钱，约会时，两人也大多是AA制。

三年后，男友在事业上逐渐崭露头角，工资也比一般的白领要高了，可是每次两个人聊到钱的话题时，他总是刻意回避，同样没为女生花过钱。

再后来，两人谈到结婚买房的问题时，女生希望男友这边能多负担一些，没想到男友却很生气地质问她："你怎么这么俗气，就知道惦记我的钱！"

女生为此非常难过，此后两人争吵不断，男友甚至提出要分手。女生很不甘心，就问我说："小渔老师，我们处了好几年都挺好的，怎么一谈到钱就变了呢？"

在甜蜜的热恋期，我们可以为爱情不顾一切，"有情饮水饱"，但随着情感的深入，尤其即将结婚时才会发现，爱情不是付出一腔热情就足够了。爱情可以很理想，但生活却是实实在在、离不开柴米油盐的，而这一切都需要钱的参与。

那么，在婚前磨合期，情侣之间怎样谈钱才会不伤感情呢？

在回答这个问题前，我先问大家一个问题：你当初选择跟你的男友在一起，是为了什么呢？很多女性朋友可能会说"我就是出于心动、出于喜欢、出于爱，才选择跟他在一起的"或者"我就是觉得他人不错，奔着结婚的目的跟他交往的"，还有些女性可能会直接一些说："就是冲着他的钱选择跟他在一起的"。

这些回答都完全没问题，但不管是出于哪种原因选择了现在的男友，在迈入婚姻殿堂之前，谈钱都是非走不可的一步。接下来，我就分别给大家分析一下，为什么我们必须谈钱，以及如何谈钱才不会影响彼此的感情。

1. 爱情不能饮水饱，财富思维少不了

在一段亲密关系中，女人往往比较感性，只要有爱，其他都可以靠边站。经常有一些热恋中的女学员跟我说："小渔老师，我什么都不图他，就图他对我好、他爱我，金钱什么的根本不重要！""虽然他现在穷一点，但他很爱我，钱我们可以以后一起赚嘛！"

我很不想打击这类女生，但我又希望她们明白，如果她在婚前是这样想的，那婚后就很有可能会失望，因为感情是有保质期的。而衡量一个男人是否真的爱你，未来是否能与你建立稳固的婚姻关系，财富思维就是一个综合性的衡量因素。他现在对你和对财富的态度，就是婚后态度的提前影射。如果婚前缺乏财富思维，对金钱没有概念，那么婚后在面对家庭经济问题时，他也会缺乏担当，甚至把责任都推给你来背负；或者婚前在金钱方面对你很抠，那婚后也不会变得有多大方，因为这种思维是难以改变的。

所以，我建议你提前跟男友大大方方地聊聊钱的话题，亲密关系是完全可以谈钱的，毕竟不论是在两个人的恋爱时期，还是在婚后，挣钱花钱都是离不开的问题。只有提前把钱的问题谈清楚了，恋爱和婚姻中才会省去很多因为金钱而惹出的麻烦。

2. 提前了解男友的财务状况及对金钱的态度

有些女性朋友在恋爱期间，对男友的财务状况全靠猜，男友不说，她也不问。不仅如此，有时男人还可能以各种理由伸手朝自己的女友借钱。很多女生禁不住男友的哭穷，便拿出自己的积蓄，甚至套信用卡、卖房来给男友钱或替男友还债，结果呢？很可能人财两空。

这是不是说明女人必须抓紧自己的钱袋子呢？

所以，在结婚前一定要弄清男友的经济状况。有些男人明明薪水很高，却一直说自己没钱，那就更要弄清楚他的钱都去哪里了。如果对方拿着钱做一些投机倒把的行当，那你一定要看好自己的钱袋子，不要因为男人的几句甜言蜜语你就把全部的积蓄都交付出去。不仅如此，我还劝你尽快远离他。

女人与一个男人相爱的初心是什么？是获得甜美的爱情、幸福的家庭，以及拥有健康的身心，而不是跟着这个男人债台高筑，每天心惊胆战地过日子，生怕他又拿着钱去干什么不好的勾当。所以，你千万别被自己的伟大而感动，尽早远离"渣男"才是上上策。

当然，如果男友真遇到了困难，如家里出了意外、家人生了重病等，急需一笔钱，这时你是可以把钱借给他的。但要注意，我这里说的是借，不是给，并且你要这样告诉他："我知道你现在有困难，我自己有一笔钱，正准备做点小投资、小生意，现在看你这么着急，我就先停下，先帮你解决困难吧。等你这边情况好转了，我们再来一起解决我的问题。"

之所以要这样说，是要让男友知道，你的这笔钱本来是要用来做什么的、你为什么要帮助他，以及如果他好转了，要用怎样的方式来回报你。这些一定要提前说好，因为只有这样，男人才能在承担了自己的责任之后，回报给你更好的爱，即所谓的投桃报李。

3. 亲密关系中应该由谁来管钱

很多女人都喜欢管钱，认为这样就可以控制男友，让男友对自己言听计从。在我的课上，就有很多女性朋友问我："小渔老师，你能教教我，怎样才能让我的男友或未来老公把钱交给我吗？"

我要告诉你，如果你抱着这样的目的管钱，未来你也只能管管小钱，管不了大钱。要想让男人把钱给你，首先你要让他对你有物质方面的安全感，如果你给他的感觉是花钱如流水，毫无规划，没有理财意识，更不去考虑未来，那男人是不可能把钱交给你的。或者你总是因为钱跟他吵架，斤斤计较，让他对你在金钱上心生反感，他同样不会把钱交给你。所以，你要么就不管他的钱，如果想让他把钱交给你，就不要让他看出你对他的钱有企图心，要记住：心离钱越近，手离钱越远；心离钱越远，手离钱越近。他感受不到你的企图心，对你在金钱方面就会放松，这时才有可能把钱交给你管理。

其次，你要为两个人的未来财政做好规划，自己以前有过理财经历，并且有很好的进账，能让他看到你有理财的能力，这点是非常重要的。任何一段情感关系，不管是恋爱关系，还是婚姻关系，都是合伙人关系，当其中一个合伙人看到另一个合伙人有能力把"公司"经营得很好、有收益时，他自然就会愿意把财政大权交出来。

所以，财政大权是从男友或老公手里要来的吗？并不是，而是只有对方感受到钱在你的手里安全、能升值，他才愿意信赖你，把钱上交给你，由你管理。

但是，如果你们都觉得对方管得不够好，还有一种方法，就是AA制，自己管自己的钱。这种管钱方式的好处就是能让双方保持一个自由度及与彼此间的边界，还能让感情相对更有分寸、更有空间。

所以，在一段情感当中也好，在婚姻里也罢，是男人管钱还是女人管钱，从来都不是规定好的，只要你们两个人认为某种方式更有利于彼此的亲密关系，或者更适合自己的家庭，就可以选择这种方式。

快速疗愈情伤的3个有效法则

失恋，对于大多数人来说都是痛苦的、伤心的，尤其对于在一段亲密关系中更加感性的女人来说，受失恋和情伤的影响会更大。

我自己也是经历过情伤的人，我经历的情伤是什么样的呢？我觉得很像是在自己的心上插了一把刀，一动就痛，痛彻心扉，连呼吸都是痛的。但是，我们要因此就自暴自弃，甚至放弃自己吗？

当然不是。要知道，不是每一段恋情都能收获完美的结果，一段亲密关系也不是永远不会结束的。即便是你与对方已经度过爱情磨合期，马上就要步入幸福的婚姻了，也可能出现突发事件，让你们的关系戛然而止。这时，你就要学会疗愈自己的情伤，纵然伤恸不已，却也是我们必须面对的人生经历。

在这种情况下，我们要怎样快速疗愈自己的情伤，让自己从这段充满伤痛的关系中走出来呢？希望下面的几条建议可以帮到你。

1. 完全地接纳自己

之前有一位失恋的学员给我发微信说："小渔老师，你的课我听了很多遍，我不停地去反刍，可我越是反刍，就越难受，怎么都觉得自己做不到马上从这段情感中走出来，这怎么办呀？"

我就给她分析，并且告诉她，她之所以陷入其中无法自拔，关键就在于她无法接纳自己。这一点非常重要，如果你的身心不接纳分手、对方已经离开这个事实，那就无法进行接下来的自我疗愈。

但是，如果怎么都无法做到接纳现实，该怎么办呢？是不是就无法再进行自我疗愈，只能任由这种痛苦蔓延呢？

当然不是。如果你觉得自己无法接纳，那就让自己先接纳这种不接纳。也就是说，你完全可以接纳自己当下这种无法接纳现实的情绪，并带着这种情绪去正常地生活、工作。

在这个世界上，总有些事会让我们很纠结，有些人也确实深深地伤害了我们，但这些都是我们生命的一部分，不用忘记，也不用当它没发生。如果忘记了，那我们就浪费了那段时光；如果当没发生，那只能说明我们的生命一直没有成长。所以，大可承认这份伤痛，承认它就在我们的记忆深处。但正因为有了这份伤痛，我们才能成长为一个拥有美丽翅膀的、带着伤的行者，才能成为那个从伤痛中获得力量的人。我们也愿意深深地拥抱自己的过往，接纳自己的所有经历，并从此变得更加爱自己、理解自己，最终原谅自己。在任何时候，放过、放下、接纳，都是最好的处理方式。

2. 处理你的情绪，而不是你面对的问题

当你可以全然接纳自己的情绪后，接下来就是处理这些情绪。这

里介绍一种快速调整情绪的方式，但首先你要明白，你当下情绪的产生是因为遭遇了感情的创伤，你需要处理的只是你的情绪，而不是你面临的问题。比如，你的男友背叛了你，喜欢上了别的女人，那是他要面对的问题，不是你的问题，你的问题是怎样更好地处理因为对方背叛而产生的不良情绪。简而言之，你要解决的只是自己的情绪问题，而不是对方背叛你或离开你的问题。

  我曾接到过一个女大学生的求助信息，她跟我说："小渔老师，我有个大我3岁的男友，我们本来说好等我毕业后就结婚的，可最近他突然跟我提分手，分手原因是感情淡了。可我真的接受不了，更想不明白，我们都交往5年了，怎么一句感情淡了就要分手呢？我现在给他打电话，他都不接了。我就想知道，他为什么要这样做……"

  其实这个女生就是陷入了问题困境，她当时最应该处理的是自己的情绪，既然接受不了男友离开，就接纳自己接受不了的这个现实，然后再慢慢去处理自己的情绪。

  但是，如果这个情绪已经让你陷入了一种不良的状态，如恐慌、焦虑，甚至有痛不欲生的感觉，那就要马上进行处理情绪的练习了。

3. 缓解情绪的3分钟深呼吸练习

我在讲课时，曾教过很多学员进行这个3分钟的深呼吸练习。

首先，让自己在一个安静的环境中坐好，双目微闭，调整呼吸。

其次，缓缓地进行三次深呼吸，想象自己此时此刻有非常难受的感觉，然后逐渐感受内心的愤怒、伤心、抱怨、指责等负面情绪，让它们都变成一团云从你的头顶缓缓飘走。

最后，将注意力聚焦到呼吸上，不再去关注那些情绪，只需要专注地数自己的呼吸，感受胸口的起伏。

这个练习进行3分钟后，你的情绪就会慢慢缓解。这是一个非常好的将情绪与身心剥离开的过程，能有效地让你与坏情绪进行分化。当感受到这种变化时，你就可以对自己说："此时此刻，我了解了自己的感受，接下来我要与他和解，再看到他时，我会轻松地与他打招呼，真正将他当成一个普通人去对待。"

总而言之，要想快速地疗愈情伤，就必须先明确一点，即我们要解决的不是问题，因为世界上的很多问题是你根本解决不了的，问题只能成为帮助你成长和成熟的契机，我们只能任由这些问题存在、发展，但没办法彻底解决。既然如此，不如就把这当成是生命中的一次体验，继而全然地接纳和处理自己因此而产生的情绪。情绪处理好了，一切也就变好了。

当然，这个过程可能不是一天两天就能发挥作用的，所以你也无须太急于强迫自己快速复原。时间是最好的疗愈良方，你只要在全然接纳自己的前提下，让时间自然地度过，让自己回到平时正常的生活中去，也许有一天，你就会忽然发现自己已经忘了那个曾经爱过的人的长相了。

迈入婚姻期：

最好的关系就是彼此成就

　　大多数的夫妻都是在一种极其甜蜜的状态下走入婚姻的。然而，爱情很短，生活却很长，恋爱时的彼此吸引与欣赏，很快就会随着现实中的柴米油盐而逐渐变淡，甚至消失，来自生活各方面的压力也会不知不觉地消磨你的爱情和激情，让婚姻的色彩逐渐暗淡，婚姻中的各种问题也随之而来。可是，婚姻就像"合伙开公司"，没有人是在创业时就想要失业的。想让你的婚姻顺利、长久地进行下去，不能只靠一个人的付出和牺牲，而是需要两个人共同努力，互相理解。即使期间状况百出，只要方法得当，也仍然可以渡过难关，彼此成就，从而营造出最好的婚姻关系。

婚姻关系就像"合伙开公司"

都说婚姻是女人的第二次生命，也是女人一生中最重要的一次选择。选择对了，幸福一生；选择错了，可能就会万劫不复。

那么到底什么是婚姻呢？不同的人对婚姻的理解和感受也是不同的。婚姻幸福的人认为，婚姻就是爱情的延续；婚姻不幸福的人却会说，婚姻简直就是爱情的坟墓，把之前所有的爱情葬送得一干二净。但是，如果从人性的角度来看，我认为婚姻就是两个人"合伙开公司"，而最好的婚姻关系则是合伙的双方共同成长、共同进步，共同为你们的"公司"——家庭付出，为这份爱承担责任。

很多女性朋友可能不太理解我为什么这么解读婚姻，道理其实很简单，一对男女要建立起亲密的婚姻关系，肯定离不开三个必要因素——生理因素、情感因素以及社会因素，只有这三个因素同时满足，并且双方能在婚姻中保持同频，这段关系才能保持长久、稳定和幸福。如果其中一方掉队了，不管是在哪个方面掉队，两个人不在同一频率上了，那这段婚姻就很难继续维持了。

2020年有一部很火的电视剧，叫作《完美关系》，如果大家看过，应该对其中崔英俊与斯黛拉这对夫妻印象深刻。他们就向我们展示了两个人不同频时，婚姻会是什么样子的。

斯黛拉是公关圈里的女魔头，非常独立、能干，是很多女性想要成为的样子，更让很多男人欣赏和望而却步。然而，在斯黛拉为事业打拼时，她的丈夫却逐渐沦为了婚姻关系里的附庸者。虽然他每天在家洗衣做饭，看起来也在为家庭付出，可他胆小怕事，内心又很贪婪，根本不具备为妻子遮风挡雨的能力。

这样的"合伙"关系显然是不对等的，乍一看更像是一种"上下级"关系，但因为一方在不断向上走，另一方却一直止步不前，时间久了，即使是"上下级"，原地踏步的人也终究会被淘汰，两个人之间也必然会渐行渐远。

那么在一个"合伙公司"当中，生理因素、情感因素和社会因素分别都起着什么作用呢？缺少其中一个因素的话，这个"公司"就真的无法维持吗？我来给大家分析一下。

1. 生理因素

生理因素很容易理解，每一个成熟的人都有生理欲望，包括性的欲望、繁衍的欲望、被保护和被照顾的欲望等，这些都是维系美好婚姻的基础与桥梁。尤其是性的欲望，如果夫妻双方性生活不和谐，婚姻很容易走向解体。现如今，离婚率居高不下，其中有很大一部分人是因为性生活不和谐或无性婚姻而选择离婚的，甚至无性婚姻的离婚率比无情婚姻还要高。在我的咨询者当中，就有很多无性婚姻者，她们与丈夫的感情很好，但却徒有夫妻之名，缺少夫妻之实，因为长时间的无性相处，双方的感情逐渐消磨殆尽，婚姻也就慢慢走向了尽头。

当然，如果一段婚姻关系仅仅基于生理需求而建立，那这样的婚姻也不会长久。因为能满足生理需求的人很多，双方没有更紧密的其他连接因素，婚后出轨率都会很高。

2. 情感因素

虽然很多人都说婚姻是爱情的坟墓，但不可否认的是，绝大多数的婚姻关系还是建立在爱情的基础之上的。这种恋爱期间建立起来的情感，就是婚姻关系中的情感因素。因为情感的存在，双方在进入婚姻后才会感觉到被接纳、被允许、被疼爱，而且婚姻还让我们有了属于自己的家，有了自己喜欢的人的陪伴，也让我们有了归属感。

但是，如果婚姻关系中的一方不再爱另一方了，对对方没有情感或者移情别恋了，那么这段婚姻就会遭遇危机。比如，婚姻中出现了第三者，其中一方出轨、有了外遇等，都会导致婚姻的破裂。这就相当于你们合伙开公司时，对方有了二心，想出去跟别人合伙了，即使你再挽留，他也难以再一心一意地跟你共同经营你们的公司了。所以，情感因素对维系婚姻同样很重要。

3. 社会因素

婚姻中社会因素所涉及的内容比较多，如外形、各自的家庭、学历、能力、经济水平等。我们可以想象一下，如果你想跟人合伙开公司，你会找一个什么样的合伙人呢？肯定是一个彼此相处融洽、能力不相上下、身上又有互补之处的人吧。

婚姻关系也是如此。绝大多数男人在选择伴侣时，不仅仅因为爱，还会先考虑对方与自己的匹配度，如是否门当户对；如果家庭背景不匹配，那么社会能力要尽量匹配，如是否对自己的工作、事业有帮助，是否能形成互补，未来能否照顾好家庭、教育好孩子等。因为他是在选择一个"合伙人"、一个"股东"，这个女人要跟自己一起"注资"，建立一个新的"小公司"，而她必须要有一定的价值，才会被"吸纳"进来。

可是，大多数女人在选择"合伙人"时，却不像男人那么理智，有的甚至会被爱情冲昏头脑，不管这个男人什么样，都非他不嫁，为此跟家人断绝关系也在所不惜。但我要告诉你的是，如果你只奔着情感而与一个男人结婚，那你婚后大概会失望，因为情感是最无常的，也是最易变的。如果你们在其他方面差异太大，即使婚前甜蜜无比，婚后也会矛盾重重，甚至在情感或精神上渐行渐远。

所以，我经常对听我课的女性朋友们说，婚姻关系的本质就是经营公司，你在选择婚姻时，也要抱着"合伙开公司"的态度寻找伴侣，讲究生理、情感和社会因素上的"门当户对"，讲究成长上的衡宇相望，讲究协作上的优势互补。而且在公司中，你占的股权越大，你的权重就越大；你能力越强，你的话语权就越重。婚姻关系中同样如此。婚姻的幸福是靠能力、靠智慧的，如果你不进步、不成长，只想做男人背后的女人，把自己的幸福全部寄托在男人身上，那总有一天你们的"公司"会面临撤资走人、破产清算。

女人在婚姻中的筹码

我有一个朋友，当初与她老公一见钟情，谈了两年甜蜜的恋爱后步入婚姻。刚结婚时，两个人还蛮有激情的，但几年后激情就逐渐被柴米油盐消磨得差不多了。她老公是一家企业的高管，平时很忙，所以她经常抱怨老公不顾家；老公回到家后，她又忍不住阴阳怪气地挖苦老公："你还知道回来啊？是把家当旅馆了吧？"两人为此开始吵架，婚姻关系一度降至冰点。

有一次，朋友约我吃饭，忍不住跟我诉起了苦。我跟她分析后，认为她需要重新审视自己的内心，明确自己在婚姻中需要的到底是什么。

在我的开导下，朋友认识到，是她自己太缺乏安全感了，才会渴望从伴侣身上寻求更多关注。但内心的安宁和喜悦还是需要自己去实现，所以，我建议她平时通过读书、健身、旅游等丰富自己的生活，还邀请她加入我的心灵成长训练营，不断充实自己的生活。只有自己的内在充盈了，包容和接纳的能力才会提升，才能给自己带来更多的安全感，同时把温暖和快乐带给家庭、带给爱人。

在情感上需要被滋养，渴望得到伴侣无微不至的爱与照顾，这是所有女人的共性。但是，当婚姻逐渐归于平淡后，男人的陪伴和在意可能就会越来越少，于是一些女人便开始患得患失，担心老公不再爱自己，甚至离开自己。

我前面说，婚姻关系就是"合伙开公司"，既然是"合伙"，肯定就需要婚姻中的两个人共同经营和维持。作为其中的一方，如果你想在"公司"中更有话语权，光靠一味地迎合或控制对方是不行的，你必须要有相当的筹码，而且筹码越多，你在婚姻中就越有底气，你的话语权、主动权就会越大，男人才会更看重你。

那么，女人在婚姻中的筹码都有哪些呢？我认为下面几种是必不可少的。

1. 健康的身体

健康的身体对所有人来说都是非常重要的，如果你的身体常年被病痛折磨，那么其他的一切都变得毫无意义。女人尤其到了中年后，在保养容颜的同时，更要保重身体，保证按时的作息、良好的睡眠、健康的饮食，并且定期体检，让自己看起来精力充沛。

同时，健康的身体还能让你保持充分的性活力，这对于维持两性关系来说非常重要。这一点不仅体现在生理上，还体现在心理上。心理学上有这样一个观点："人的性欲不只是纯粹的性欲，它在人的层面上说，是转化关系、人格化关系的工具。"简单来说，性活力是情感关系的一座桥梁，是伴侣建立亲密关系的愿望和手段。

2. 强大的心理

我经常跟我的学员说，如果想让自己的婚姻过得幸福，首先要让自己成为一个有能力向幸福靠近的人。可是有些女人明明很优秀，也为家庭付出了很多，却总要把希望寄托在男人身上，认为只有得到男人的认可了，自己才有价值。

这样的女人内心其实是非常匮乏和自卑的，总是习惯性地看轻自己，不敢确定自己的价值。我要告诉你的是，当你有这样的表现时，你就已经失去了在婚姻中的筹码。因为当你自己都不懂得尊重自己时，在婚姻中是很难获得尊重的。你要知道，一个人越向内求，越向内承载和接纳，越向内觉察、探索、包容和允许，才能使别人与你在一起时感受到平和、喜悦、自信、有力，也才能获得别人的尊重和欣赏。如果你内在总是看轻自己，害怕男人不喜欢你，都是在外求认可，那越是外求，你就越不自信，也越得不到男人的尊重和肯定。

所以，你要记住，你只有具备被人讨厌的勇气，才会有被人喜欢的奇迹。只有你的内心足够强大，不害怕失去，你才能更好地掌控婚姻。

当然，内心强大不等于强势，如果你总是一副剑拔弩张的样子，男人都会躲得远远的。他们通常都不喜欢跟强势的女人在一起，尤其是比自己还优秀的强势女人，这会让男人找不到自己的价值感。但这也不代表他们全都喜欢娇滴滴的小女人，就像吃糖一样，你吃一块觉得很甜、很好吃，天天不停地吃，只会感到腻。

聪明的女人会让自己既内心强大，又不失温柔体贴。工作时，你是杀伐果断的事业型"女主"；回到他身边后，你又成了温柔可人的妻子。这种转变对于男人来说非常受用，不但会让男人感觉受到了尊重，还让男人看到了你的多面性。

　　在湖南台播出的一档节目《妻子的浪漫旅行》中，有一季请了秦海璐夫妇做嘉宾。我看完那一季，就觉得秦海璐是个非常聪明的女人，掌握了经营婚姻的筹码。当老公不在身边时，秦海璐做事就像是个霸道女总裁，性格特别刚硬；但和老公相处时，她又瞬间秒变小女生，经常撒娇。而她的老公对她也十分宠爱。

　　所以，聪明的女人都懂得抓住这个筹码——在婚姻中保持独立、自信、不卑不亢、不看轻自己，同时在男人面前又懂得适当示弱，只有这样，男人才会更愿意宠爱你。

3. 了解男人的痛点

　　从事销售或管理行业的朋友都知道，要想抓住一个客户，首先要找准客户的痛点，然后再有针对性地推销自己的产品或服务，这种方式通常都会成功。

　　经营婚姻就像经营公司，而经营你的另一半就像经营客户，你也必须了解他的痛点或需求是什么，然后消除痛点或满足需求，这样你的"生意"才能做成。

比如，男人的前女友问题可能在很多婚姻关系中都存在，有些女人还会因为老公提自己的前女友而生气、大闹，其实完全没必要。

如果你的老公不经意间提到了他的前女友，不管是抱怨还是夸奖，你只需听着即可，不要给予任何回应，更不要表现出争风吃醋的样子。但是，你却可以问他一下："你们最后为什么分开？"这时男人可能会说无缘啊、有原则性问题啊、个性不合等。说到这里，打住即可，你就不必再问了。

之所以让你问这个问题，就是为了把重点放在他们"没能在一起"这个点上，这就是他的痛点。而你这样做就是在击中他的痛点，让他知道，他们是不可能在一起的，你才是他最好的选择。

总而言之，被男人重视和在意的女人，绝不是只有一张漂亮脸蛋的花瓶而已，她一定有睿智的头脑。与其每天挖空心思地想要留住男人、留住婚姻，在婚姻中患得患失，不如让自己变得自信点、聪明点，主动去抓住对自己和婚姻都有利的筹码，让你爱的人不舍得离开你，这样你的婚姻才会更幸福、更长久。

别让男人对你"负责"，婚姻才会更幸福

在我的线下课和咨询当中，经常会有人问我：

"小渔老师，我老公在结婚前明明很勤快，怎么结婚后反而成了甩手掌柜，家里什么都不管，是不是他以前都是装的呀？"

"小渔老师，我老公以前下班就回家，现在经常在外面花天酒地，喝得醉醺醺地回来，我简直对他忍无可忍了！"

"小渔老师，我老公现在对我的事不闻不问，完全不在乎，这是不是太不负责任了？"

…………

这些问题所反映的，其实就是男人的责任心问题。很多女性在择偶时都会很看重一点，就是男人一定要有责任心，要能对妻子、对家庭负责，这无可厚非，但是在婚姻当中，我们却不能总把这一点当成是男人必须要做的事情。

能对家庭、对妻子负责的男人当然是好男人，也会让家庭更幸福，但是，这并不是我们要求男人为我们负责的理由。对于任何一个女人来说，在任何时候，都不要要求别人对自己负责，因为你一旦活在一个"要"的状态里，你的内在永远都会是匮乏的。

事实上，一个总是指望男人有责任心、必须要负责的女人，首先就是对自己的不负责。我认为，你在希望男人负责之前，应该先问问

自己：为什么要让男人为我负责？我对这件事的起心动念是什么？我自己出了问题，该如何调整自己，如何从中获得成长和智慧，如何从这件事中看到值得知足和幸运的事情，当你弄清了这些问题，真正活在自己的频率中，男人才会愿意为你负责。

简而言之，男人是否愿意对你负责，并不在于你是不是在要、在索取、有需求，而在于你值不值得他负责，在于你能否给予男人希望，让男人在你身上看到你对生命的自我接纳、自我疗愈和自我整合；在于你能否让男人与你在一起时自我感觉良好，能够获得你的鼓励和被你赏识；在于你是否是一个正能量满满，能够直面困难，勇敢地面对生活，为自己全然负责的成熟独立的女性。对这样的女人，男人才想去负责，才愿意去负责。

每个人都是受伤体，每个人都有各自的不容易，男人同样如此，所以，女人不要总想着一遇到问题就让别人帮你承担责任。在婚姻中，男人就是我们的合伙人，如果你不能明确这个定位，错位地把男人当成爸爸，那么你就会永远活在父爱的缺失当中；如果把男人当成儿子，你又会活在母爱的背负当中；如果把男人当成顶梁柱，你就会永远活在自己的压抑当中。

当然，一段幸福的婚姻关系又离不开双方的责任心，婚姻可能因为爱情而生，但维系婚姻长久的基础仍然是责任。爱与责任是婚姻中最重要的两块基石，缺一不可。女人在丰富自己的同时，也可以采取一点小技巧，激发一下男人的责任心。

1. 满足男人的"上位意识"

说到"上位"，我们首先想到的是什么？没错，就是婚姻中的第三者，所以上位意识常常给人一种不好的感觉。

但是，男人都有"上位意识"，并且很喜欢这种上位的感觉，就像终于坐上了自己觊觎已久的位置一样，满足于那种快感。如果你平时在与男人沟通时，喜欢用命令、抱怨的语言，就会无形中激活男人的上位意识，令他进入一种竞争和叛逆的状态。为了捍卫自己的主权，他就会与你博弈，故意跟你对着干。这时，你们可能就会因为一点儿鸡毛蒜皮的小事吵起来。

相反，如果你把命令、抱怨改为温和的语言，如"好不好""可以吗""麻烦你"等，那么男人的上位意识就会主动获得满足，这时你提什么要求他几乎都会答应你。经常保持这种状态，男人的责任心就会不断被激发，有时甚至会主动为你做一些事、制造一些小惊喜。

2. 满足男人的"英雄情结"

古往今来，男人都有一个无法改变的心理规律：渴望成为英雄。

英雄救美人，再发生一段旷世奇恋，这是男人最向往的事。即便是那些能力不够强大、外表看起来也很普通的男人，骨子里仍然有着很浓的"英雄情结"。他们都需要女人的崇拜，希望女人像一只乖巧的小鸟一样，委身在自己丰满的羽翼下，让自己给予她安全和保护。

糟糕的是，很多女性并不了解这些。在与男人相处的过程中，她们总是表现得太过强势，在言语上也经常向男人发起挑战。

前几天，我在看微信朋友圈时，发现一个朋友发了一小段自己开着车的视频，看到配文我就知道，她一定又和老公吵架了。我怕她生气开车不安全，就给她打语音电话，让她来我这里坐坐。

她结婚已经8年了，经常与老公因为一些家务琐事吵架，嫌老公不做家务、不管孩子。我曾经告诉她，女人要学会示弱，让男人有保护的欲望，这样才能培养他的责任心，责任心有了，自然就会多做事了。而她宁愿自己边做边唠叨、边生气，也不愿看着老公做不好，可是又经常抱怨老公不主动做。久而久之，她老公也习惯了什么都不做，也看不到家务在哪里，两人经常为此争吵。

所以，我建议女性朋友们，如果你想让老公更有责任心，多为家庭付出一些，为孩子做个好榜样的话，就要先学会满足他的"英雄情结"。在与他交流时，少用抱怨、指责的言语，多用"捧"的语言，如在称呼上称他为"男神""大英雄"，或者适时地对他说"亲爱的，有你在我身边真好""没有你，我可怎么办呀""你真能干，把房间收拾得井井有条，比我收拾得干净多了"等，这时，男人的"英雄情结"都能获得很好的满足，你让他做的事，他也会积极主动地去完成，并且还会更爱你、更宠你。

3. 学会散播男人的"谣言"

与具有"英雄情结"一样，男人也都具有竞争心理，但你千万别让男人把这种竞争心理用在婚姻中，否则你就是自讨苦吃。

很多女人就是不懂得这个道理，凡事都喜欢跟男人比，生怕自己被男人落下，如自己赚钱要比老公多、职位要比老公高等。结果，老公不但没有服从，反而离你越来越远。要知道，他在外面就在不断与周围人竞争，回到家还要面对与你的竞争，这不是给他自己添堵吗？为了不添堵，他只能躲着你，有时甚至连家都不想回，更别说对家庭有责任心了。

所以，我经常跟女性朋友们说，不要跟你的男人去争，你们是在"合伙开公司"，应该一致对外，而不是起内讧。你总在内部竞争，不就给了外面的人拉拢你的"合伙人"的机会了吗？

那么在这种情况下，我们怎样激发男人的责任心呢？

这里教给大家一个秘诀，就是经常在亲戚、朋友、家人面前散布他的"谣言"，强调他身上的优点，比如，"我老公特别大度，一般事儿都不跟我计较""他做饭特别好吃，比我做的强多了""我们家的大事小情全靠他，没有他，我都不知道该怎么办"，等等。在他明知道自己的工作能力、赚钱等方面都不如你时，你还能给予他这么多的尊重，给他这么大的面子，他的心里一定会很感动，并且也会慢慢调整自己的频率和状态，更多地为家庭付出、为事业打拼。

这就是心理学上的"罗森塔尔效应"，用一句俗话说就是："说你行，你就行，不行也行。"任何一个人，当他听到有人夸奖自己、欣赏自己时，都会感到愉悦。尤其当自己的女人在自己的家人、朋友面前夸自己、认可自己时，男人内心深处一定会更加自信，同时也更爱这个女人，更愿意为这个女人付出。

婚姻中如何快速化解矛盾，重燃激情

我曾经跟大家说，婚姻就是一个合作关系，就像我们经营的一家公司一样，你跟你的伴侣就是合伙人的关系，你要与一个与你气质、性格、出生环境、认知方式、思维方式等不同的人，共同来经营"家庭"这份事业。如此一来，你们之间就会不可避免地在经营过程中出现各种各样的矛盾、冲突，一旦处理不好，就会影响"公司"的正常经营，甚至会让"公司"走向散伙的结局，给彼此都带来很大的伤害。所以，在出现矛盾时如何快速地化解矛盾，重新燃起经营"公司"的热情，就成了婚姻中每个人都关心的问题。

在一个家庭当中，女人如何看待自己的角色、定位，如何诠释自己在家庭中的位置，是一件非常重要的事。至于我们怎样才能更准确地诠释自己在家庭中的位置和角色，就需要我们追本溯源，从祖辈、父辈所延续的家庭模式中去寻找踪迹。其中，你最直接接触的就是你的父母在家庭中的定位、相处模式等。当你慢慢发现后，你就会知道，你的言行举止，所有关系背后的模式，都会成为你在所有关系中自我疗愈和解脱的一种解释。

以我的家庭为例。在我外祖父、祖父那一代，由于家中的女性都比较优秀，所以夫妻双方容易争强好胜，有时甚至对自己、对伴侣的要求达到了一个很苛刻的地步。很显然，他们的矛盾点就是不能很好地接纳彼此。

但是，到了我的父母这一代，家庭模式就发生了一定的改变。虽然我妈妈也是一位很优秀、很独立的女性，但同时她还是一个特别浪漫、特别幽默的人，很会逗我爸爸开心。

即使遇到问题，她也总能用一些很温和的、很有趣的解释，来把伴侣间的关系处理得很好。这一点就特别深刻地影响到了我，影响到了我现在与我老公的相处模式。

你也可以像我一样，梳理一下自己家庭当中祖辈、父辈们的相处模式，找一找他们的矛盾点在哪里、幸福点在哪里，那么当你的家庭出现矛盾时，你就可以找出问题所在，以及如何处理才能化解矛盾，让家庭重新回归幸福。

那么，我们如何来化解矛盾呢？用一句话概括，就是学会替对方找借口、做解释。比如，男人在外面工作压力很大，或者遇到一些烦心事，心情不好，因为一点儿小事就跟你发火，又或是在夫妻生活上，他对自己缺少了信心，经常故意躲避你时，你就要学会从外部为他找出一些原因，替他解释，让他不再那么焦虑和痛苦。

当你为他找好了原因后，你就去告诉他。要注意，一定不要一哭二闹三上吊，而是要用一种温柔而坚定的语言告诉他，比如，"老公，你知道吗？我发现你身上有个很严重的问题，这个问题我特别不喜欢，但你自己还没觉察到……"这时，你就可以把男人的一些表现说出来，如"你最近经常对我发火，让我特别伤心""你最近总躲着我，让我觉得备受冷落"等。听了这些话，相信男人一定会产生一个巨大的情绪波动。

这时重点就来了，你要突然抱住他，然后跟他撒娇说："可是，老公你知道吗？我就是喜欢这样的你！即使你让我伤心了、让我受冷落了，我还是喜欢你。我发现你特别需要我这样的女人，你让我特别有存在感，就算全世界所有的女人都受不了你这一点，我还是如此爱你……"

这是一个非常有后退空间的沟通模式，它通过先打压后翻转的话术，既让你把自己的不满倾诉给了伴侣，又不会因为对对方不满，以指责、争吵等方式恶化彼此间的关系，产生更多的矛盾与误解，因此也能快速消除对方心中的情绪，化解彼此间的矛盾。

我就曾亲身尝试过这种方法。有一次，我跟我老公因为一件事吵得非常厉害，两个人谁也不肯低头。忽然之间我就意识到，这样的争吵除了让我们的关系更加恶化外，还能有什么意义呢？

于是，我立刻改变了话术，我说："你不用再跟我解释了，我知道，你做的这一切都是因为你在乎我。我知道，你一直都非常用心地对待我……"当我说到这里时，他突然就不跟我吵了，反而降低了自己的声音，说："你知道就行……"

一场争吵就这样结束了。

所以在很多时候，当你用积极正向的话语来替对方找个借口，诠释他的行为时，对方反而更加动容，更加欣赏你、接受你，并且你还可能因此而改变对方，让他产生一个巨大的变化。当然，这个变化一定是更有益于你的。

很多女性可能觉得，"这不就是委屈自己、自欺欺人吗？他都有不对的地方了，我还要替他解释？"其实，这不是你在替他解释，而是你对自己在情感中的一份宽恕。

不可否认的是，任何人想要长期地维系一份情感都是很艰难的，即使是父母对我们的爱、我们对自己孩子的爱，都不可能永远那么浓烈，永远充满无条件的关怀，更何况是"合伙人"般的夫妻之间。婚姻本来就是反人性的，人的本质也是复杂多变的，喜欢新鲜、刺激，讨厌一成不变。在这种情况下，要维系几十年婚姻太平非常不容易。而且，男人一般对于两性情感的保温度本来就比女人低，如果你认为男人的感情是恒温的，那是你的问题，而这也是违背男人生理本性的。男人在表达感情时，都是通过动作、结果来反馈后完成的，而女性是通过感受来完成的，所以，男人表达爱的方式与女人不同。当他为你做事情时，那就是在爱你了，只是没有像你期望的那样直截了当地用语言表达出来而已。男人对于爱也是需要女人来引导的，比如，男人给你倒杯水，你告诉他："哇，老公，你倒的水都比别人倒的好喝哦！"这就等于在告诉他，他是爱你的，这样男人才会知道这样做就是爱你的表现。当你这样一遍一遍地引导和催眠他，告诉他："老公，你是爱我的！"这时，男人才会越来越爱你。

所以，当我们的情感趋于平淡，矛盾不可避免时，就需要你不断唤醒对方对你的那份爱的感觉。尤其是对男性，他们的思维是单向的，更需要我们用"点对点"的方式去激发他、跟他表达，使对方重新产生爱的激情。很多时候男人比女人更需要新鲜感，如果你善于玩点儿花样，在谈笑之间就把自己的不满释放出来，让男人意识到自己的缺陷，并愿意改进，那就是非常高明且充满智慧的处理方式了。

出轨后，还能带着伤害靠近吗

婚姻遭遇出轨，简直就像是人生了一场大病，能否扛过去，会直接决定你的婚姻走向。有人可能会说："都出轨了，还有什么可扛的？直接离婚呀！"我一直强调，婚姻关系就是"合伙开公司"，很多时候不能因为一方在婚姻中犯了错误，两个人就马上散伙，毕竟一个"公司"开起来不容易，经营期间彼此也倾注了很多情感，更何况还涉及人际关系、财产、孩子等问题。

所以，不管婚姻中是男人出轨还是女人出轨，都应该结合多种因素来考量，最终再决定是重新修复关系，还是彻底散伙。

当然，出轨对于婚姻中的任何一方来说，造成的伤害都是巨大的。我的一位来访者曾跟我说："那段时间我完全处于一种混乱的状态中，我怕他靠近我，每次他想靠近我，我都很烦躁、很愤怒，会让他滚开；但他一离开，我又很害怕，怕他又跟那个女人联系，这让我很没安全感。我一遍又一遍地问他跟那个女人的各种细节，但最后发现，无论他怎么回答，我都不满意，他如果不回答，我就更生气。"

这种感受我特别能理解，因为从依恋的角度来说，当其中的一方出轨时，另一方很容易陷入一种焦虑型的依恋状态中：既想要依恋，又害怕依恋；既想靠近，又想远离。这种矛盾无时无刻不在折磨着被出轨者。

既然如此委屈和痛苦，那还有必要再修复关系，让婚姻继续下去吗？

这里就需要你来理性地衡量一下，自己的这段婚姻到底值不值得挽回。如果你感觉自己的婚姻还可以经营下去，并且另一方也有意继续和你一起经营，那么你们就想办法修复关系，即使带有伤害，也要慢慢靠近；如果这段婚姻对你来说已经毫无价值，只会不断消耗你的能量，让你的痛苦反复，那我建议你及时止损，不要再在其中耗费自己的青春和精力。

1. 评估婚姻的"四个要点"

很多女人在面临老公出轨时，采取的都是一哭二闹三上吊的措施，要么就是找人打小三出气。可我要告诉你的是，这只会让你的婚姻解体得更快。如果你根本没做好离婚的准备，我劝你一定要先冷静下来，然后认真评估一下这段婚姻是否还值得你留恋。评估的要点通常有四个。

第一，就是你们之间的感情。你可能会说："都出轨了，还聊什么感情？"实际上，人是善变的，如果我们不站在道德的高度和是非对错的角度去看待这个问题，而是从"人"的角度去看待这件事，你就会发现，部分男人会出轨，有可能是因为他在某个时刻，生理或心理上的压力达到了极限，"出轨"是他无法进行自我和解后的一份无能为力。

因此，面对男人出轨这件事，我们要做的不是原谅或不原谅，而是看我们彼此是否还能满足对方的内在需求，是否还能给予彼此相应的能量补给。如果我们已经无法再满足对方的需求，或者感觉对方无法再满足自己的需求，那就不要再去责难和抱怨，放过彼此，各自欢喜就好。如果感觉双方还对彼此有留恋，并愿意敞开心扉互相沟通，通过沟通，厘清彼此真正的需求是什么，这样你们的婚姻才有可能再次走入正轨。

说到这里，很多女性也许不认同，认为男人都出轨了，根本都不爱自己了，还有什么挽回的必要呢？

实际上，如果你稍加留意就会发现，很多男人虽然出轨了，但却并不愿意离婚。为什么呢？因为他在综合各方面因素之后，发现自己的出轨对象并不及自己的原配妻子，只是由于他的某些需求在承受压力的情况下无法自我和解，才走上了出轨这条路，他们内心仍然对婚姻、对妻子有所留恋。

在这种情况下，如果你也认为你们之间还有感情存在，平时也没什么大矛盾，那么你们的关系是有很大可能修复的。

第二，是这段婚姻中的人际关系，比如，你们彼此的家族相处是否融洽，你们有多少共同的人际关系等，如果这些都不错，那同样可以作为你们修复婚姻的加分项。

第三，是你们的性生活情况，如果你们的性生活平时都比较和谐，那也是加分项。

第四，就是你们的性格匹配度，比如，你的丈夫是不是偏执型人格、焦虑型人格等，是否有家暴，是否有其他恶习等。如果这些都不存在，那你的这段婚姻就值得修复；如果有其中的一项，如家暴，或者赌博、吸毒，那么你也完全不必考虑前三项了，因为一个家暴男或赌博男，还出轨，还有什么值得留恋的呢？这样的"公司"简直就是一直在亏损，你早日摆脱，反而是在止损。

2. 修复关系的"四个原则"

当你冷静地衡量自己的婚姻后，如果感觉你们的婚姻基础不错，而对方也有向你认错的表现，那么你们两人就可以尝试着重建关系。

当然，破镜要重圆并非易事，要修复一段充满猜疑和伤害的关系，必须要两个人都用心配合才行。结合我的情感咨询经验，我认为要修复好关系，至少要遵循以下四个原则：

第一，他要能够看到出轨给你带来的伤害。

伤害伴侣的方式有千万种，出轨却是最致命的一种。我们在刚刚与伴侣相遇时，往往会感谢命运赐予我们如此美好的灵魂伴侣。然而当有一天，你发现他把对你说过的情话又向另一个女人说了一遍时，我想在那一瞬间用痛彻心扉来形容应该都不为过。

当然，冷静之后，如果你觉得仍然想要挽回，那么前提是你的伴侣一定要能够看到对你的伤害，不能赔个礼、道个歉，再对你说句"我已经认错了，还要怎样"就可以了，这是不够的。因为在这种男人心里，他将回到你身边当成了一种给予，并觉得你应该感激、接纳他的给予，见好就收，根本没有看到他的行为给你造成了多大的伤害。

这个时候，你不能因为担心他继续离开，心一软就原谅他了，也不要听他说什么，而要看他能为你们这段关系做什么，看他的行动在哪里。比如，他为了弥补对你的伤害，立即与出轨对象断绝了联系，回到家里还帮你做饭、收拾房间、带孩子等，用行动向你证明他还想回到你们的婚姻关系中，这才是有诚意回归的样子。

第二，他要主动承担修复婚姻的责任。

之前有一位学员跟我讲了一件事，让我帮她衡量一下，她还有没有继续婚姻的必要。她的老公出轨了，她发现后，老公表示再也不跟出轨对象联系了，会回到家好好过日子。但这位学员一时半会接受不了老公出轨的事实，就闹了几次，结果有一天，她老公就很不耐烦地对她说："如果你不想离婚，那我们就好好过；但如果你觉得跟我过不了了，离婚我也同意。我也可以把房子、车子都给你，我净身出户。"

尽管男人出轨在先，并且也表示愿意回归婚姻，可他却放弃了修复关系的主动权，甚至有种破罐子破摔的做派，不仅如此，他的说法还暗含着要挟的意味，"反正我就这样了，你爱过不过"。

实际上，如果这时男人能对妻子说一句"我错了，我知道我伤害了你，但我不想离开你，不想和你离婚"，反而更能体现出自己修复关系的诚意。

当然，作为被出轨的一方，如果你也想修复关系，即使心里很痛苦，也要适当设定反应的限度。反应过度的话，于你们的关系同样不利。

第三，你的反应要有限度。虽然伴侣的出轨让你很受伤，但要想和好，天天大吵大闹也是没用的，甚至还可能把他推走。因此，在你们认真谈过之后，接下来就要互相配合，一起朝着修复关系的方向努力才行。你可以向他提出一些条件或要求，如下班后马上回家、减少与异性单独见面的次数等。

第四，选择信任。

面对出过轨的丈夫，让你再选择信任是一件很难的事，但如果你仍然时刻怀疑他，甚至去监视他，不但会加深自己的痛苦，也不利于你们的关系重建。在这种情况下，我建议你可以向对方托出你的底线，并且告诉他，在你的底线之上，你可以选择信任他，但一旦他突破了你的底线，那你们就分道扬镳，再也不会有修复的可能。如果这个男人真的想与你再续前缘，那么无论多艰难，他都会努力让你对他重新建立信任的。

当然，男人出轨对女人的伤害是非常大的，你是否能接纳和原谅，也要遵从自己的内心。选择原谅和接纳男人的回归，是大度与智慧的体现；不能原谅与接纳，也不是心胸狭窄的标志。毕竟每一段婚姻关系都不尽相同，每个女人的个性特点也不相同。同时，婚内出轨也是一把匕首，它割开了婚姻表面和谐的一面，提醒着你们的婚姻出问题了，这时不管你如何选择，都要认真调整自己的状态，寻找自己的问题，即便最后选择离婚，也希望你能在下一段关系中获得经验和幸福。

离婚边缘，对婚姻挽救还是放弃

在我的学员中，有很多女性都徘徊在离婚的边缘，但又顾虑重重，所以经常在跟我分享完她们的经历和感受后，问我："小渔老师，你说我到底该不该离婚？""我的婚姻还有挽救的必要吗？"

没有人会想要轻易地结束婚姻，就像你开公司一样，如果不是遇到迈不过去的坎，没人会轻易把公司关闭。婚姻也是一样的，如果不是原则性的"坎"，那我的建议就是不要轻易离婚。但是，如果婚姻触及了原则性的问题，你也不要犹豫不决。

那么，哪些才算是影响婚姻的原则性问题呢？

1. 经济问题

在婚姻中，如果你的财富被完全透支了，对方明明身心健康，却在经济上长期依附于你，既没有任何收入，也没有要为家庭分担责任的想法，更没有节约和理财的意识，甚至让你严重负债，连生存都快要保证不了了，简而言之，就是对方一直要靠你养着，而现在你已经完全养不起了，那这时你就真的可以考虑离婚了。

2. 频繁出轨

前面讲过，女人面对男人出轨，并不一定要给他完全"判死刑"，有时可以根据实际情况选择原谅，但有一个前提，就是一定要让他付出与犯错同等的代价，一旦轻易被原谅，便只会让男人对出轨变得更加无所谓和肆无忌惮。

可是，如果在你原谅后，男人仍然频繁出轨，前一天刚给你发完誓，求得你的谅解，第二天就又心猿意马了，那这时你也是可以离婚的。

3. 有黄、赌、毒的不良嗜好

我曾经在讲课中跟我的学员说，有三种男人绝对不能嫁，那就是嗜好黄、赌、毒的男人，有其中之一者，绝对不要嫁。同样，在婚姻中，如果你的伴侣有这三种不良嗜好，那就赶紧离婚。要知道，究其根本，黄、赌、毒嗜好都是成瘾性行为，一旦染上这些"精神鸦片"，轻则家财散尽，重则有牢狱之灾，所以对这种男人，你能离多远就离多远。

4. 有家暴行为

如果你在婚姻中遭遇了家暴，也是可以考虑离婚的，但前提是要区分一下情况。如果对方一直都存在家暴行为，只要心情不好，就会对你家暴，那么你就赶紧跟他离婚，不然只会让自己受到更大的伤害。但如果是对方受到了某些刺激，或者某一段时间遇到了烦心事，因为跟你沟通不畅而偶然实施了一次家暴，而你对婚姻依然有所期待的话，那也是可以考虑原谅对方的。

有些女性可能会说："我在婚姻中遭遇了上面的问题，可为了孩子，我不能离婚。"

实际上，当夫妻关系坏到一定程度后，孩子反而成了一个分裂的载体，因为当孩子看到自己的父亲不尊重母亲时，他的人际关系会受到巨大的威胁，导致他在成长中对他人不再信任，缺乏安全感，未来在人际关系中也会有巨大的恐惧感，如果是男孩，那他对于女性就会产生巨大的攻击性，如果是女孩，则会对于自己的女性身份产生巨大的自我压抑。

不仅如此，有些孩子看到母亲在婚姻中长期受委屈时，还可能产生"俄狄浦斯情结"，并且本能地为了保护母亲而攻击父亲，这样的孩子，未来在学业、事业、财富上都会遭受巨大的阻力。因为在孩子的生命当中，父亲本应是一个榜样，是一盏通向未来的明灯，如果父亲对母亲百般伤害，在孩子眼中形成恐惧的形象，那么孩子对前途就会产生一种无力感，未来也很难获得幸福。

所以，当你处于离婚的边缘时，可以考虑和解，但同时也要量力而行，否则只会耗干自己，最终导致恶性循环，反而对孩子更加不利。

其实，当你真的无法在婚姻中继续前行时，你要考虑的并不是如何为了孩子委曲求全，艰难维持婚姻，而是离婚后能否选择更好的生活，让自己乐观前行。我们要给予孩子的，并不是一个千疮百孔的原生家庭，而是不论你是否离婚，都能把生活过得很好的一种个人状态，哪怕是离婚了，你也能通过这段经历实现自我成长、自我修复，并在这段经历中读懂人生和人性，让自己独立起来，继续选择相信和创造美好。与此同时，我们在向孩子阐述这段经历时，不要抱怨如何受伤，而是应该告诉孩子，这就是人生的一种规律和现象，同时还要让孩子不要用对错的道德标准去评价自己的父亲，而是要站在人性的角度去看待父亲的底层需求和那份需求的不得圆满，也要让孩子看到一个母亲是如何选择坚强，如何在经历中成长自我、疗愈自我，如何在人生中为自己的选择全然负责的乐观心态的。这样的态度，才能真正修复孩子因家庭破碎、父母离婚而造成的创伤，才能帮助孩子更好地面对自己的人生。

实际上，作为女人，在面对婚姻中的各种问题时，最重要的不是一定要离婚才能解脱，而是自己知道自己、了解自己，能看到自己所有行为和情绪背后的底层需求是什么，并且承认，不论我们过往的生活多么不堪，我们都曾经为这个世界创造过贡献，带来过价值，我们也都曾经获得过他人的爱，体验过人世间的美好。我们要明白，爱从来都不是别人给予我们的，而是我们自己发现、体验和创造出来的，如果你只是不断地向他人索取爱，那么你永远也得不到完整的爱，只有自己不断发现，不断创造，学会去体验，才能知道，你才是自己人生的主角，是自己幸福的创造者。

总之，婚姻是一个人自我成长、自我修复、自我整合和自我接纳的过程，也是一个人自我照见与人格重塑的过程。经营一段婚姻，目的从来不是离婚，而是你在这段婚姻中是否能更好地了解自己，看清自己的原则、边界和底线。如果你总是把期待加在伴侣身上，希望伴侣为你做出改变，自己却不肯改变、不肯成长，那么你在婚姻中永远都会是受伤的一方。只有把伴侣当成一面"对镜"，当成自己修心的参照物，通过伴侣更加清晰地看到自己，反观自己，你才能借助婚姻更好地认识自己、成长自己。这才是婚姻于我们最大的价值，也是我们处于离婚边缘时，衡量婚姻该挽救还是该放弃的最佳标准。

最后，如果你经过认真衡量后，还是决定放弃婚姻，那我也希望你能尽快走出烦恼，自我疗愈。在这里，我跟大家分享一个疗愈情感和婚姻伤痛的神奇咒语——"我看见你，我接纳你，我欢迎你，我感恩你"。你要知道，人天生就是来体验和感恩的，体验世间各种不同的变化，感恩世间所有的美好，所以，不论婚姻带给你的是什么，都请感恩曾经的经历和体验，感恩相遇，感恩陪伴，同时接受离别，放下执念，从此桥归桥、路归路，告别旧爱，开始你新的旅程！

解决"七年之痒"的万能公式

关于婚姻关系，有一个著名的"魔咒"，就是"七年之痒"。当夫妻双方感受不到来自彼此的亲密，而家庭生活又变成了一个琐碎又程序化的任务时，其中的一方就可能产生向外寻求情感寄托的想法，即使没有付诸行动，也会与自己的伴侣之间产生"牵你的手，就像我的左手拉右手"的平淡感觉。这就是"七年之痒"。

当"七年之痒"出现时，夫妻双方的争吵也会逐渐增多，一开始可能只是口角，慢慢地就变成互相戒备。如果此时不能马上调整，那亲密关系就会出现裂痕，双方甚至会对婚姻产生厌倦和不胜负担感。所以，婚姻心理学上有一句名言是这么说的："一切不幸女人的通病，是不理解丈夫的事业和对丈夫性的欲求留意不足；一切不幸男人的通病，是不理解妻子的感情和对妻子爱的保存欲给予满足不够。"

通过这句话，我们也能看出男人和女人对婚姻的不同期待。对于男人来说，他选择婚姻一部分是因为爱情，但爱情绝对不是全部。男人对待婚姻是非常理性的，他很清楚地知道自己从婚姻中的获利点是什么。女人则不同，绝大多数女人会仅仅因为爱情就选择婚姻，只要爱这个人，就可以什么都不图。所以一般在婚后，男人会逐渐把他的精力投注到其他事物上，如事业、交际等，而女人的关注点则更多的是在家庭、丈夫、孩子身上。这种关注点的不平衡逐渐加剧，双方的分歧就会越来越多，感情也会越磨越少。在婚后第六年到第十年，双方的婚姻美满期会告一段落，这也是"七年之痒"出现的主要原因。

那我们怎样才能顺利地度过这段不平静的时期呢？

前面说过，男人体验爱和表达爱的方式与女人不同，男人不会因为你对他付出、你爱他，而选择爱你，相反，他只会因为他为你付出了，才会更加爱你。所以，要解决"七年之痒"，你就一定要知道男人的这种心理，并且以这一心理为突破口，去寻找解决问题的方法。在这里，我就教给大家一个解决"七年之痒"的万能公式——学会"利用"男人。

1. 别把男人当"旅客"

在我的个案中，经常有女性朋友满怀不甘和愤慨地问我："小渔老师，我为这个家付出这么多，让他没有后顾之忧，把他照顾得舒舒服服，让他'十指不沾阳春水'，他为什么还要出轨？他对得起我吗？""我当初不嫌他穷，跟他结婚后吃了那么多苦，现在终于要熬出头了，他却看我越来越不顺眼了……"

每当这时，我只能用八个字形容我的心情——"哀其不幸，怒其不争"。你以为自己在家里、外面都一手揽，全都自己干，宁可自己累一点也要把男人照顾得舒舒服服，男人就会越来越爱你吗？错了，你这样做只会感动自己，却无法感动男人。贤惠当然没错，贤妻也是家庭稳固的基石，但贤惠是要有限度的。男人是婚姻关系中的另一个主体，不是家庭中的旅客，当你把整个家庭都当成自己的全部，把男人当成一个"巨婴"，那么对于男人来说，家就不再是家，只是"旅馆"，你也不再是妻子，而是"服务员"。你难道能指望客人一直对服务员保持激情吗？何况还是有时会唠叨、抱怨的"服务员"。

聪明的女人要学会"利用"男人，让男人行动起来，即便是以前你已经习惯了自己付出，现在也要改变策略，耐心地引导男人来付出。

2. "利用"让男人更有价值

我在做地面课时，有一次讲到这个问题，就给学员们出了一道题：让你们的老公为你们做一道菜。

在第二次上课前，我就问都有哪些学员完成了我上节课布置的"作业"，结果就出现了两种完全不同的结果：

一部分学员在老公心情好时，提议让老公做个菜，老公也同意了。但当老公做完菜后，肯定有人做得好吃，也有人做得难吃，但这还是次要的，关键是他们把厨房搞得乱七八糟。这时有些学员就很生气，把老公数落了一顿，老公原本还是兴致勃勃地做菜，结果还被老婆责怪，心里也很不爽，从此继续当甩手掌柜，这次作业以失败收场。

还有一部分学员，同样提议老公做菜，老公也做了，菜的味道好不好不说，厨房也未能幸免于脏乱差。但是，她们并没有生气，而是肯定了老公做家务的行为，并委婉地提出了自己的建议。结果老公被夸得心花怒放，当即表示下次老婆想吃时他还愿意做。

可见，男人被"利用"起来后，不但做事的积极性高了，连对老婆的热情都增加了。

男女的相处之道，原本就是一场心理拉锯战，你只有了解了男女之间的差异和需求，才能避免"七年之痒"的出现，才能更好地经营自己的"小公司"。心理学上有个词叫作"机会成本"，意思是一个人在婚姻中投入越多，那么他就越会珍惜这来之不易的幸福；反之，如果一个人在婚姻中毫无投入，那他对婚姻的感情也就会越来越淡。一旦外界有了诱惑，他甚至可能会毫不犹豫地抛弃原来的婚姻。

对于男人来说，"被利用"就是他最有用的标志，也是他价值的体现，没有男人能抗拒"男主人"这个角色对他的诱惑。如果你善于利用这一点，鼓励男人多为家庭、为你做一些事，那男人也会乐得其所的。同时，在做事过程中，你再给予他适当的崇拜、赏识和肯定，男人就会更开心，也更有成就感，自然也会更加爱你、爱你们的家庭。

婚姻中有"性福"，才能更幸福

性是人类的本能，也是最基本的需求，它与我们饿了要吃饭、渴了要喝水、困了要睡觉一样。而对于夫妻来说，性更是两人之间最有趣的游戏，即使是两个人爱好完全不同、个性不符、三观不合，性生活也能成为彼此唯一的共同交集。正所谓"床头打架床尾和"，如果性生活和谐的话，夫妻之间即使闹矛盾也会很快和好。大多数人对婚姻生活不满意，尤其是女人，如嫌老公赚钱少、抱怨老公不顾家等，性生活不和谐才是最主要的原因。所以，我经常在讲课时跟我的学员们强调，夫妻之间和谐的性生活有着非常重要的作用，它是婚姻关系稳定和幸福的重要保障。

但是，"性福"的婚姻生活不会从天而降，需要夫妻双方共同去营造。中国女性通常都比较含蓄，多数情况下不习惯主动，但我要告诉你的是，性从来都不是男人单方面的事，而是男女双方在心情愉悦的基础上的一个互相取悦、互相满足的过程，是一种美好的体验。婚姻中只有拥有了"性福"，才会更幸福。所以，你要放下思想包袱，主动与伴侣沟通、配合，唤起伴侣对你的欲望，这不仅能让你享受性的美好与愉悦，还会让老公更加爱你、离不开你。

那我们该怎么做，才能让老公对我们一直保持"性趣"呢? 我相信下面这几种方法一定可以帮到你。

1. 展现自己的魅力

每个女人在伴侣眼里都有最有魅力的地方，如一个温柔的动作，一个妩媚的微笑，或者一种特别的味道，等等，对于伴侣来说都是很有吸引力的，要学会在伴侣面前适当展示你的这些动人之处。

2. 多多夸奖伴侣

任何人身上都有值得被夸奖的地方，男人也不例外。当你对伴侣进行夸奖时，比如，"哇，老公，我发现你今天的发型很帅哦!"或是"老公，我发现你最近健身很有效，都有肌肉了"，等等，这些都能让男人感到身心愉悦，并使他想要在你面前展现更多的魅力。

3. 夸奖你们的孩子

这一点可能会让很多人感到意外，夸奖孩子跟提升"性福"指数有关吗？那我要告诉你的是，它非常有关。

男人娶妻生子，本性上仍然是为了满足自己血脉延续的欲望。如果你说这个男人的孩子不行、不好，那其实就相当于在折损这个男人的能力。相反，你不断地夸奖你们的孩子，如"我们的儿子越长越帅，越来越像你了""我们的女儿又获得了好成绩"等，就会让男人非常有成就感和安全感，因为这相当于是在肯定他的能力，故而也会激发他的原始欲望，使他在你面前会显得孔武有力。

4. 活动结束后的提示

在我的个案中，有很多女性朋友跟我说，老公每次在性生活结束后马上"倒头就睡"，似乎有种"完成任务"的感觉。而此时女性往往意犹未尽，很希望老公能继续爱抚自己一会儿，结果老公根本不解风情，这让女人很受伤，甚至会产生"他是不是对我不感兴趣了""他是不是只是在交差"等念头。

其实并不是这样的。在性生活中，男人通常扮演主动的角色，承担了大部分的体力活动，消耗较大，所以在活动结束后，男人会感到非常疲劳，想要通过休息来缓解这种状况。这是一种正常的生理现象，男人自己也无法控制。

如果你希望男人在性生活结束后能给予你一些爱抚，那你不妨给男人一点提示，如对男人说："老公，我想让你抱抱我。"这样几次后，男人就会习惯在活动结束后亲亲你、抱抱你，你们之间也会因此变得更加亲密。

家庭融合期:

与家人的关系决定你的婚姻幸福指数

　　我们常说,恋爱是两个人的事,婚姻却是两个家庭的事。两个人从恋爱到组成家庭,就好像成立了一个属于彼此的"小公司",而这个"小公司"最重要的"外交",恐怕就是与双方家人之间的相处了。我相信每一位迈入婚姻的人,都希望自己能与对方的家人和睦相处,但现实往往却是一地鸡毛:与自己父母的矛盾、"妈宝男"老公、缺乏边界的婆婆……这些都会让你应接不暇。这也提醒我们,要真正融入一个家庭并不容易,你也只有处理好各种家庭关系,才能拥有幸福的婚姻。

活出自己，跳出原生家庭的漩涡

前几天，我看了一部法国电影，名字叫《我的小公主》，它讲的是一个10岁的小女孩平时与祖母住在一起，过着简单宁静的生活。而女孩的妈妈是一位刚起步的摄影师，为了能进入上流社会，她不惜逼迫女儿拍摄一些大尺度的照片，在市面上发行，遭到女儿的极力反抗。但矛盾的是，这个小女孩又不想让妈妈拍摄其他模特，也因此走向了精神崩溃的边缘。

看完这部影片，我的心里感觉特别沉重和压抑，天底下怎么会有这样的母亲？虽然只是一部电影，但它却是根据真实事件改编的，也反映出一些原生家庭对孩子造成的严重伤害。事实上，很多人都被自己的原生家庭或多或少地伤害过，或者正在被伤害。

我就曾见过一个非常典型的案例，他是家里的老二，他的哥哥做了很多坏事，打架、赌博，甚至吸毒，犯了一系列罪行。但是，他的妈妈却要求他来为哥哥还债，替哥哥摆平各种麻烦，甚至逼他用一些违法手段去维护、帮助哥哥。

在这种家庭逼迫下，他的精神越来越崩溃，甚至无法正常与人相处，婚姻也一而再再而三地出问题。他不信任任何人，包括自己的妻子，可为了获得他人的好感，他又不断去讨好对方，一旦与对方建立关系，又不知道如何维系，经常处于一种纠结拉扯的状态之中。

在我十多年的咨询生涯中，遇到过各种各样的来访者，其中大部分都是咨询婚姻情感问题的，并且以女性朋友居多。在这些女性中，有的想要恋爱，却无法很好地与恋人相处；有的婚后出现各种问题，生活一地鸡毛；有的遭遇伴侣出轨、婆媳大战……

这些来访者带着各种不同的问题而来，而在帮助她们的过程中，我们的话题总会不知不觉地转移到同一个问题上，就是原生家庭。顾名思义，原生家庭是一个人出生和成长起来的家庭，这个家庭的习惯、氛围，以及家庭成员之间的互动与关系等，都会影响到这个人未来的情感和婚姻生活。

我有一位学员，我们刚接触时，她正在闹离婚，后来我了解到，她在家庭中特别没有安全感，经常怀疑老公在外面做了什么坏事，想要离开她。所以，从恋爱到结婚，她都要随时掌握老公的动向，如果老公有事出去，而她碰巧联系不上，那就会"夺命连环call"。恋爱时老公还蛮享受的，婚后就逐渐受不了了，两人的争吵也越来越多，老公想逃离，便想到了离婚。

通过跟她深入交流，我了解到，她的安全感缺失与原生家庭有很大关系。在她5岁时，父亲有了外遇，但母亲不想离婚，每天跟父亲吵架，每一次她都吓得瑟瑟发抖，躲在角落里哭。而母亲也经常当着她的面指责父亲，要不就跟她说："如果不是你，我早跟他离婚了！""我要跟他离婚了，你就没人管了！"后来，她就特别怕父母吵架、离婚，内心也特别没有安全感。

恋爱结婚后，她的这种心理也在自己的情感关系中体现出来，害怕失去、害怕离婚，但又不知如何与伴侣相处。

我们每个人感知世界的方式首先都是从原生家庭中形成雏形的，从我们来到这个世界上起，就与父母形成了一种三角形的人际关系。在这份关系中，我们也会逐渐形成对自我的认知和评价，这其中的体验也可能会影响我们的一生，尤其是择偶与婚姻关系。

但是，不是每个人都能被自己的原生家庭温柔以待，就如《我的小公主》中的女孩、我案例中的这位学员一般。当受到原生家庭的伤害，且这种伤害已经影响到我们自己的生活、婚姻时，我们该怎么摆脱曾经的阴霾和伤痕呢？

在我看来，最简单的方法就是构建我们自己的核心价值体系。也就是说，我们的生活、工作、人际关系等，是好是坏都不再基于原生家庭及父母对我们的影响，我们与原生家庭、与父母是彼此独立的，我们不会替父母去活，也无须按照父母期待的样子去活。

其实，一个人生活的真正意义就是两件事：一件是事物体验，另一件就是改进。这两件事也最终会让我们在身、心、性上达到和谐。如果我们一直活在原生家庭那些糟糕的标准和影响之中，就会丧失自己的核心价值体系，丧失自我存在感。而当我们没有自我时，就会过分在意他人对自己的态度，如果得不到别人的认可和认同，就会感觉自己在这个世界上没有任何能量和价值可言了。

所以我认为，当面对糟糕的原生家庭时，我们应努力做到以下两点：

1. 活出自己不一样的人生

在前文提到的影片中，有一个很多人无法理解的现象，就是女孩的母亲那样伤害她，她却仍然不肯离开母亲，甚至跪地求饶，希望得到那份母爱。这说明，当一个人没有核心自我、没有自己的信念和价值体系时，是根本无法摆脱原生家庭的伤害的。更糟糕的是，她在长大后，还很容易延续父母的这种状态或性格。

曾经就有朋友跟我说，她特别不喜欢自己父亲的性格，因为她父亲固执得近乎偏执，让她难以接受。可随着年龄逐渐增长，特别是自己有了孩子后，她发现自己与父亲越来越像，也变得十分固执。

显然，这种模式对自己的生活、情感及家庭关系的建立都是不利的，要打破这个"魔咒"，就要摆脱他人的影响与控制，让自己从极度的内耗中解脱出来。

比如，你可以经常告诉自己："我的人生要由我自己做主，我值不值得被爱，都不是别人说了算的，即使他们是我的父母也不行。""别人怎么看我并不重要，我只要顺应我的本心、本性即可。"或者当你在自己的家庭关系中表现出父母曾经做得不好的一面时，也马上对自己说："宝贝，你已经在努力了，相信你一定会越来越好的！"

要记住，你所做的一切，都要符合自己的本性，并且你选择之后还要有心安理得的感觉，这样你的行为才是真正被外界所接纳的，你的内心也才会是真正愉悦的。

2. 不刻意取悦自己和讨好他人

有人可能会不解：不讨好别人我能理解，难道我们不应该取悦自己吗？

我要告诉你的是，取悦自己也是一种对自己的讨好，而所有的讨好都是基于匮乏。一个每天都在想办法取悦自己的人，不想让自己吃亏的人，同样很难坦然地面对生活、面对自己。所以，不讨好自己、不取悦自己，你才能真正做到不讨好他人、不取悦他人，活在一份心安理得之中。

我经常跟我的学员说，我们无法脱离原生家庭，我们要孝顺父母、爱父母，但真正的孝顺和爱并不是一味地顺从、讨好和取悦他们，而是活出真实的自己。至于原生家庭带给我们的伤害，我们完全不需要去和解，也不需要去原谅，更不需要去疗愈，你只需要明白，原生家庭该给你的都给了，给不了的，就需要我们自己来创造，这也是我们拥有现在的能力、智慧和一身本领的原因。简而言之，不论你的原生家庭多么不堪，它给予你的一切好的、坏的，都帮助你今天增长出了智慧与自我能量；你过去所有的遭遇和遗憾，也是你现在所创造出来和给予他人的东西。它唤醒了你的使命，开发了你的潜能，形成了你的人格特征，以及你成为人所需要具备的一切积极能量。读懂了这些，你才能真正跳出原生家庭的漩涡，建立起"核心自我"这个信念，从而明白如何去规划自己的人生，而不再为了外界的评价、他人的认同而活。当我们起心动念都出于本心的选择时，我们才会去寻找内心真正在意和需要的，也才能从中启迪自己的天性，绽放自己的生命，活出不一样的自己。

与母亲和解就是与世界和解

经常会有学员或朋友在跟我沟通时聊起自己与母亲的关系，我发现，很多女性朋友跟自己母亲的关系都处于一种很敏感、很纠结的状态，想要孝顺母亲，却又忍受不了母亲对自己的种种控制，想跟母亲像朋友一样相处，却发现自己心中对母亲充满了怨恨。更糟糕的是，自己与母亲这种剪不断、理还乱的关系，还影响到了自己的婚姻关系和亲子关系。

我有一位朋友，有一次跟她妈妈生气，打电话约我出来聊天，并且跟我说："我要是再不跟你聊聊，我恐怕真的挺不下去了！"

我当时很纳闷，因为她平时是个非常开朗、乐观的女性，究竟什么事能让她的情绪这么糟糕呢？所以我就赶紧出去找她。见面后，她向我说起了自己与父母之间的故事。她告诉我说，她父母经常吵架，从她记事起，印象最深的就是她妈妈对爸爸的指责、抱怨，觉得丈夫没本事，但是两个人又不肯离婚。

一晃40年过去了，她妈妈把对丈夫的那份不满慢慢又转嫁到她的身上，对她经常百般挑剔，对她的生活、情感、工作进行指责和抱怨，并且非常的刻薄尖酸。这导致我这位朋友经常处于精神压抑、崩溃的状态，继而与老公之间的关系也出现裂痕。

我这位朋友的母亲其实就是典型的自恋型人格。在我接到的大量个案中，很多女性的婚姻生活，包括事业上的人际关系、财富关系等，都与自己的母亲有关。也就是说，女人最大的敌人并不是男人，很可能是自己的母亲。女人如果与自己的母亲关系不好，或者说一直无法和解，那么她的方方面面都可能受到影响，甚至包括她与整个世界的关系。

那么，一个人是怎么形成自恋型人格的呢？

这通常与她的原生家庭以及内心的自卑感有关，而这种状态又源于自身情感的匮乏及对自己的过度关注。要知道，在她母亲青年时期，物质还是比较匮乏的，在当时那种背景下，她没有足够的力量让自己强大起来，这时她就容易把自己的要求、期待、情绪等，全部投射到自己的孩子身上，以致让孩子承载了太多的情感寄托和负面情绪。与此同时，孩子又成了她安全感的主要来源，因为无论她怎样对待自己的孩子，孩子都不会抛弃她。

但是，随着孩子的逐渐长大和其自我意识的增强，他们对母亲曾经的控制开始有了反抗，但由于多年受控于母亲，潜意识中又无法完全摆脱母亲带给自己的影响，所以精神上就会经常处于分裂状态，既无法平和地与母亲相处，又无法完全摆脱，甚至不能很好地与自己的爱人、孩子相处，就像我朋友的情况一样。

面对这种境况，我们该怎么办呢？

想要改写原生家庭的剧本，改善与母亲的关系，其实是完全可以做到的，关键就看你如何看待和转化这个问题。而我下面提供给你的方法，就能帮你做到这一点。

1. 告诉自己："我的母亲只是个普通的女人。"

为什么我要你这样对自己说呢？

因为大多数人在小时候都把自己的母亲当成神一样的存在，所有本能的安全感最早也都来源于母亲。回忆一下，你小时候是不是经常听母亲这样说："如果你不听我的，将来一定会吃亏！""不听老人言，吃亏在眼前。""你看看你现在这么惨，都是因为当初不听我的话……"

这就导致我们从小对母亲既敬畏又恐惧，潜意识中认为她就是无所不能的，违背她的旨意就一定不会有好结果。然而当我们逐渐长大，我们会发现母亲其实也有很多不对，甚至是不可理喻的地方。当现实中的母亲没办法再符合心目中的理想母亲时，我们的内心就会很纠结、很撕裂，既不想再听母亲的话、受母亲的控制，又无法彻底摆脱。

所以从今天起，你要不断告诉自己，母亲就是个再普通不过的女人，也有烦恼、会犯错、会有情绪，甚至也会偏执、固执。只有把理想中的母亲拉回现实，你才有可能在现实中与母亲和解。

2. 告诉自己："母亲的想法只是她自己的情绪而已。"

小时候，母亲在教育我们时，经常会把她的想法、做法强加于我们身上，有时甚至不会考虑我们自己的想法。长大后，我们有了一定的知识、社会经验，再回过头看母亲曾经的想法、做法，可能就会不认同了。这个时候，你也无须失望、沮丧或看不起母亲，只需要告诉自己，母亲曾经的想法、做法都不过是她情绪的外现而已，如她感觉焦虑、恐惧或无助时，就会那样说、那样做，但那些都不是真理，我们也不是必须遵守，只需要把那些当成是母亲的一种情感发泄就好了。

3. 告诉自己："我可以比母亲优秀，这并不羞耻。"

绝大多数女性内心都会对母亲有一种天然的恐惧感，并且会认为自己战胜母亲、比母亲优秀是不好的事情。因为从很小的时候起，我们唯一的依恋对象和安全感来源都是她，我们会害怕自己一旦优秀起来，就会被母亲所嫉妒，甚至被她遗弃。受这种潜意识影响，很多女性会"心甘情愿"地被母亲的强权影响和控制，哪怕自己的生活因此变得一塌糊涂。

显然，这种状态是不利于你自己的生活的，所以从现在起，我们就记住一句话："我可以超越母亲，我可以比她强大、比她优秀，我也可以不再受控于她。"

之所以让你这样做，是因为要真正与母亲和谐相处，并不是一味地压抑自己或逃避现实，这样永远无法解决问题，而是要让自己有独立的人格和意识，再用自己的智慧和能量去感染、影响母亲，促使她成长，接纳你的改变。

因此，即使现在我们深受母亲影响，这种影响甚至波及我们自己的情感关系和亲子关系，我们也要意识到：是因为我们小时候，母亲没有在意过我们的感受，没有跟我们好好沟通，所以我们受到了伤害。而现在，我们就要学会在意自己的感受和情绪，与自己好好沟通，同时为了避免伤害他人，也要学会耐心地与他人沟通，学会做一个真诚的人，而不是封闭自己，在母亲曾经的行为中轮回。

如果你能意识到并努力让自己做到这一点，那你就会发现，你已经在慢慢地独立于原生家庭之外，正在摆脱原生家庭的创伤和母亲曾经对你的控制，正在逐渐接纳母亲曾经所犯的错，与母亲实现内在的和解。这种和解，恰恰是你与世界和解的第一步，却也是最重要的一步。

巧妙拒绝老人，不伤感情不伤心

在家庭中，我们有时要面对与老人一起生活的情况，可是由于两代人之间的观念、生活方式等方面的差异，彼此间很容易发生冲突和矛盾。

我在跟一些学员交流时，就经常听她们跟我吐槽，比如，"我妈老说我不攒钱，天天乱花钱，真让人郁闷！""我婆婆说我不爱做家务，我天天下班回来都累死了，哪还有力气做家务？！何况家里也没多少家务必须做啊！""我公公婆婆老说让我跟老公再给他们买一套房子，可现在的房贷还没还完呢，哪有余钱再买一套呀？不买，就天天在家闹，真是不厌其烦！"，等等。每当这些时候，我都会想起那句话——"家家有本难念的经"呀！

我们当然要尊敬、孝顺老人，但不得不说，有时老人提出的要求确实会超出我们的能力范围。当然，我们也要理解，老人对孩子总是有期望和要求的，并且还都希望孩子能顺从自己，凡事都听自己的，这样才显示出自己作为长辈的权威。但是，如果老人的某些要求或期望是不合理的，或者与我们的观念、想法、习惯等存在冲突，那我们就要学会拒绝老人，而不是迫于压力，委曲求全。否则，日后的相处不但不会更和谐，反而会经常出现一地鸡毛的场景。

但是，我这里说的"明确拒绝"并不是说你去抱怨、指责老人，更不是跟老人发脾气、吵架，而是用更恰当的方法巧妙拒绝，或者说跟老人之间设立好一个恰当的边界，彼此分处边界两边，你不犯我，我也不犯你，井水不犯河水，这样才能让家庭关系更和谐。

说到这，有些朋友可能会有异议："拒绝老人，会不会显得我不够孝顺呢？""我是宁可压抑自己，也没法开口拒绝老人的，怎么办？"

前几天，我的一位学员就跟我分享了她的家庭故事。

她和老公、儿子与她自己的父母住在一起，平时父母帮忙带孩子，她和老公上班，日子过得也不错。但她却跟我说："小渔老师，你知道吗？我跟老公现在最大的愿望就是攒钱买一套属于我们一家三口的房子，然后赶紧搬出去，否则，我老公恐怕就要跟我离婚了。"

她告诉我，她妈妈是个特别强势的人，从她小时候起，就对她说一不二。当妈妈要她去洗碗时，如果她晚了一会儿，她妈妈就会立刻对她一通批评、责骂加深刻教育。

结婚时，由于老公家境不太好，两个人就没买自己的房子，在她父母的要求下，他们就跟她的父母住在一起，后来有了孩子，妈妈帮她照顾孩子。可是，每天从孩子的吃饭、睡觉，到她和老公该几点起床、假期该去做什么，她妈妈都要干涉。如果某天他们起床晚了一点儿，她妈妈就会说："看看你们懒的！年纪轻轻的就这么懒，能有什么出息！"如果晚上她老公玩一会儿游戏，她妈妈看到了也会说："真是不上进，玩游戏能玩出来钱吗？有这闲工夫，好好研究研究怎么赚点钱行不行？"诸如此类。

说到这里，她说："小渔老师，我发现我妈就是那种你感觉哪里痛，她就戳你哪里，一开口就是个'王炸'！我老公已经受不了了，非要搬出去租房住，可我觉得我妈帮我们带孩子不容易，就先忍忍，但有时又不知道压倒骆驼的最后一根稻草会在哪天出现。"

面对老人的"毒舌"，换作是你，你会怎么处理呢？是像这位学员这样默默忍受，还是与母亲据理力争？

我认为这些都不是恰当的做法。要找到真正有效的方法，我们先要知道老人为什么要这样对待自己的孩子，其实这主要还是与他们自身的经历有关。因为他们小时候就是这样被评判、被伤害的，尤其在经济条件普遍比较差的年代，大家都处于一种奔波劳累的状态，谁活得都不舒坦，一旦一个人爽快地活着，就会被冠以各种各样的批判或标签，这是由他们所处的时代造成的。所以，他们的情绪、所说的话、所提的要求，往往都带有时代的烙印，事实上，他们真正看不惯的、拒绝的，并不是你或你的某些具体行为，而是他们不习惯美好的现在，不习惯看你过着在他们看来"太舒适"的生活。

明确了原因之后，我们就能有的放矢地寻找解决方法了，当老人再提出一些我们做不到或不想满足的要求、建议时，你就可以这样应对：

1. 站在对方的角度，肯定老人永远是对的

有人可能会说，"明明我们想要拒绝老人，现在你却说老人永远都对，这不是自相矛盾吗？"

我这里所说的"对"，并不是说老人真的都对，而是站在老人的角度这么想就是对的，是我们要让老人认为她是对的，这时你可以这样对老人说："妈妈，站在您的角度来说，您这么想确实是对的。""如果我站在您的角度看这个问题，我认为您做得很对，很有道理。"

也就是说，你认同对方的前提是"站在您的角度"，这几个字很重要！这既是对老人的一种肯定和认同，同时也为表达自己的意见留出了机会，因为换个角度来看的话，老人的观点未必就是对的了。

2. "站在我的角度……"

先站在老人的角度肯定他的观点，接下来，站在我们自己的角度，

我们又有什么想法呢？

这时，我们就要温柔而坚定地对老人说："站在我的角度来说，我做不到。""站在我的角度呢，我的想法是……"

这是大家必须要掌握的一个话术，即一定要先承认老人的话，认真倾听老人的"道理"，目的是什么呢？就是为了缓解对方的情绪，让对方能放下对你的戒备，不再与你对抗。

接着，你再对老人说"如果站在我的角度……"，然后向对方解释你的想法、为难之处等，如"我现在还不能换工作，因为我刚刚获得了升职机会，我想再努力一次""我现在还做不到，因为我的身体状况不是很好，我担心我的健康会出问题"，等等。

最后，再次表示对老人的理解，如"其实我非常理解您的心情，您也是为我好""如果换成是我，我也会像您这么想""我也相信您能理解我，这对我们两个都好"，等等。

说到这里，话题就可以戛然而止了。如果对方仍然有情绪，那么就继续循环以上的话术：先认同、再倾听、再换角度解释，最后表达理解。

总之，要记住一句话，在家庭当中，关系永远大于语气，无论对自己的父母，还是对公公婆婆，抑或是对自己的老公、孩子，不管对方说什么，你都要先认同他们，先处理好对方的情绪，再表达你的角度和看法，这样的拒绝才不会伤害彼此间的感情，也不容易伤对方的心。

遭遇"妈宝男"或"凤凰男"老公怎么办

说起"妈宝男",很多朋友都不陌生。"妈宝男"指的是那些明明已经成年,却依然事事都听从妈妈安排,缺乏主见和责任感的男人。在这些男人的原生家庭中,"父亲"的角色常常是缺失的,如父母离异的家庭,或者父亲平时忙于工作,无暇顾及家庭,又或者父母关系不和谐,而母亲又比较强势等。长期失去伴侣支持的母亲,就会把自己的精神完全寄托在儿子身上;同时,儿子也习惯于牺牲自己的需求和感受,以此赢得母亲的呵护。在这种过于紧密的依恋关系下,儿子就容易成为"妈宝男",任何可能与母子感情相比肩的情感,都会被他们潜意识地视为威胁。

所以,"妈宝男"虽然生理上已经成年,但他们的心理却好像未成年一样。与这样的男人结婚,建立家庭,你会发现他很难承担起家庭责任,更处理不好家庭成员之间的关系。

在我的咨询者中,很多女性来访者都对老公的"妈宝"行为深恶痛绝,感觉自己和老公之间永远横着一个婆婆,老公对婆婆言听计从,对婆婆的不当之处却视而不见。有的女性朋友跟我说:"小渔老师,你知道吗?我当初是看我老公老实、孝顺才嫁给他的,现在觉得自己反而像个第三者,婆婆才是老公的真爱!""我老公说三句话,其中有两句话都是'我妈说……'，好像他妈不说点什么，他就不知道日子该怎么过一样。"

有一位来访者让我印象很深刻，她的公公年轻时出轨，婆婆受了很多委屈，所以就把儿子当成了自己的感情支柱，什么都跟儿子说。而她老公觉得自己的妈妈不容易，对妈妈也是言听计从。后来婆婆搬来跟他们同住，她感觉自己完全就是个外人，老公跟婆婆经常关上房门在屋子里说悄悄话，把她一个人留在外面；老公下班回到家，第一句话永远是跟婆婆打招呼，然后才会看到她……

当然，婆婆也是完全没有边界感的，把儿子当几岁孩子一样宠着：吃饭时，恨不得把饭喂到他嘴里；儿子要喝水，她就马上起身给他倒水；有时她儿子喝酒很晚才回来，她就不睡觉，坐在沙发上等着。如果儿媳埋怨几句，婆婆立刻就会不高兴，说她不知道疼老公，没个做妻子的样子。

在典型的中国式家庭关系中，亲子关系是核心，夫妻关系是配角，在这种模式下，母子关系必然高于夫妻关系。一旦儿子结婚，有了自己的家庭，妈妈就仿佛失去了自己最重要的情感寄托，这会让她产生巨大的恐惧感，继而与儿媳展开一场婆媳争夺战。更糟糕的是，被争夺的男主角往往无力处理这种矛盾，甚至因为从小被母亲宠爱，个人缺乏力量感和责任感，而生生将家庭关系演变成了一场"三角恋"。

那么，面对"妈宝男"，我们该怎么办呢？

一般来说，如果来访的女性朋友在婚前遭遇"妈宝男"，我会建议她们三思而后行，一定要充分了解自己的承受能力及婚后可能遇到的困难。如果是婚后才发现老公是个"妈宝男"，那只能分析导致这种局面的不同原因，再对症下药来解决了。

1. 经济保持独立，日常保持距离

在"妈宝男"的原生家庭中，婆婆都比较缺乏边界感，总希望能把自己的儿子照顾得无微不至，反而对儿媳的付出视而不见，导致儿媳很委屈。在这种情况下，我建议尽量不要与婆婆一起住。当然，更重要的一点是，你和你老公要保持经济上的独立，不要啃老，否则，婆婆要出钱贴补你们，自然就有理由干涉你们的生活了。

2. 肯定老公的想法，释放他的天性

有些"妈宝男"并非事事都听妈妈的，只不过他从小习惯了妈妈的强势，一旦他不服从，妈妈就会上纲上线，用各种方法迫使他服

从。久而久之，他自己也麻木了，养成了事事都向妈妈汇报的习惯。

对于这种情况，我建议你帮助你的老公进行自我分化，让他明白，你们已经有了新的家庭，他应该慢慢从原生家庭中脱离出来。在你们的新家庭中，他是丈夫、是父亲，而儿子的角色已经排到了第三位。

当然，如果婆婆仍然不断干涉你们的生活，我建议你平时多给老公积极的鼓励，肯定他的想法，让他去做自己想做的事。比如，当他想做一件事时，他的第一反应可能是去问自己的妈妈，这时你就可以跟他说："老公，我觉得你的眼光很好、很有品位，你自己决定吧，我相信你！"

有的朋友可能会担心，如果婆婆发现老公做这件事没征求她的意见，会不会又要大闹？那就要看你如何应对了。我的建议是要学会同时夸老公和婆婆，如跟婆婆说"我相信他被您培养这么多年，眼光是不会错的""您看他现在做得很不错呀，我就说婆婆教育得那么好，他肯定不会做不好的"，等等，当婆婆听你这样夸她和她的儿子，就算表面看起来黑脸或波澜不惊，内心其实也是很欢喜的。

其实，当"妈宝男"能从你这里获得理解和认可后，他内心深处也会想要逃离母亲那密不透风的爱，这是男人的本能，只是曾经太多的保护和干涉让他丧失了信心，阻碍了他的行动。当你逐渐唤醒他的内在力量，带领他一起成长后，他就会慢慢意识到，你们夫妻之间的关系是超越母子关系的。

因此，我经常对我的来访者说，你真正面对的挑战并不是婆婆，而是你与老公之间的关系，是这个男人是否值得你努力去经营你们的婚姻。当你们实现一条心后，你的婆婆便是无法加入你们的关系之中的。

除了"妈宝男"，还有一种"凤凰男"，也是现在很多女性吐槽的对象。"凤凰男"与"妈宝男"不同，他通常比较独立，同时也被家族寄予了厚望，是家族的骄傲，所以在取得成就后，他也一定会背负家族的使命与期许，这也决定了"凤凰男"一定会把家族利益放在第一位。

面对"凤凰男"老公，如果你与他的家人关系处理不好的话，那你们的婚姻很难幸福。相反，如果你与他的家人关系融洽，那当你与他发生矛盾时，通过他家属中与你关系较好的人在中间协调，往往要比你直接跟"凤凰男"摆事实、讲道理更有效果。这也是处理与"凤凰男"老公之间关系的一个非常好的方式。

需要注意的是，在与"凤凰男"的家属相处时，一定不要抱怨他，说他不好，而是要多夸他，说他的优点。只是在表达时，你可以向对方倾诉自己的难处，表示想要寻求家属的帮助，必要时甚至可以稍微示弱一下，当你向"凤凰男"的家属有了这样的表示之后，这个家属就会帮你在适当的时候向"凤凰男"进言，调节你们之间的矛盾，而这对于"凤凰男"来说是很受用的。

一般来说，"凤凰男"在事业上比较执着，有上进心、有责任心，但同时，他们的自尊心也很强。所以，如果你看到了"凤凰男"身上那些最亮的东西，就一定要能够接受他背后的那个影子，不能光享受对方身上的好，却无法接受对方身上最糟糕的地方。要知道，两个人会因为相似而彼此吸引，但因为有不同才能真正走下去，如果从身心成长的角度来说，伴侣其实就是我们修复自己、接纳自己的另一个选择，也是我们"隐形人格"的呈现，为什么说夫妻两人多半都是互补的呢？就是因为你在伴侣的身上看到了另一个你看不到的自己，就像我们常说的，每个人都是一个半圆，找到了另一半后，与他整合在一起，才能拼成一个完整的圆，人生才会圆满。

因此，面对"凤凰男"老公，光爱他是不够的，还要能理解和接纳他身上的东西，这样你才能真正地与对方长久相处，也是真正地与自己和解。想通了这一点后，你就不会再一味地向对方索取，而是愿意与他合作；不会再去等着对方给予，而是引导他慢慢学会配合你的节奏；不会再去指责抱怨他，而是想着不再依附他，把他当成一面"对镜"，当成是与自己成长共修的陪伴；也不会再把他当成是你的"男神"，而是明白自己喜欢他，是为了让自己成为更好的自己，让自己拥有他身上那些美好的品质。只有这样，你才能看到你的"凤凰男"老公身上更多的优点，并且通过这些去实现自我成长；也只有这样，你们才能打造一段健康的、融洽的婚姻关系。

婆媳轻松相处的三大法则

婆媳关系一直都是家庭关系中的一个重要组成部分，而婆媳双方的"战争"从古到今都未曾停止，似乎这两者之间永远都是"水火不容"的。尤其老公再是个"妈宝男"的话，那婆婆、老公和媳妇三者的关系更是"剪不断，理还乱"了。

有一个学员就跟我倾诉过她的烦恼。刚结婚时她和老公没有跟婆婆一起住，平时打打电话、聊聊天，相安无事。后来有了孩子，婆婆就过来帮忙照看孩子，矛盾也由此开始了。

婆婆过来后，她就出去上班了。在上班前，她会把给孩子喂奶的时间写下来告知婆婆，但婆婆并不遵守，只要自己感觉孩子饿了就喂。她反对婆婆给孩子把屎把尿，但婆婆趁她上班，每天都会给孩子把屎把尿。她提醒了婆婆几次，但并未奏效，暗地里婆婆仍然坚持自己的做法。

她很生气，就经常追着婆婆说："我都跟您说了多少次了！"婆婆也不说话，用沉默反抗。老公见了，觉得自己的妈妈很辛苦、很委屈，就经常帮着妈妈。结果，家庭关系越来越紧张。

类似的案例很多很多，有时我们也很难理出到底谁对谁错，要不怎么说"清官难断家务事"呢！当婆婆进入儿子媳妇的家庭后，如果家庭关系平衡不好，或者男人不会调解的话，就会让两个女人更加生气：婆婆认为他没用，管不了自己的老婆；妻子认为他窝囊，什么都听婆婆的。这样一来，家庭中就出现了不可调和的矛盾。

那么你可能会问："小渔老师，我老公就是无法调节我跟婆婆之间的矛盾，我该怎么办？"或者"我就遇到了一个比较难缠的婆婆，可我又不想因此而离婚，我该怎么办？"

实际上，想要处理好与婆婆的关系，首先要明确一点：婆婆无论做什么，她有一点是与你完全相同的，就是都爱你们眼前的这个男人。明确了这一点后，你在与婆婆相处时再遵循下面的三大法则，就会发现和平相处其实并没有多难。

1. 学会做"墙头草"

"墙头草"一样的人经常会改变立场，自己的立场不坚定，是个贬义词。但在与婆婆、老公相处时，你却必须要学会做一根"墙头草"。

怎么做呢？

就是在婆婆与你老公之间产生矛盾时，坚定地站在婆婆一边，与婆婆形成"同盟"，一起去说你的老公。

如果大家看过《乘风破浪的姐姐》这档综艺节目，应该对其中伊能静与婆婆相处的模式有印象。伊能静就非常会做"墙头草"，伊能静的老公秦昊不太爱用语言来表达对妈妈的爱意，认为用行动直接表达就好了，这时伊能静就会对秦昊说，你要学会把你的爱向妈妈表达出来，你不说，妈妈怎么能体会到呢？行动虽然很重要，但说出来也很重要。

所以我们会看到，伊能静跟婆婆的关系相处得很和谐。哪怕伊能静犯了错误，婆婆也不会指责和抱怨她，甚至还对儿子秦昊说："你看你娶了一个多好的媳妇呀！"

所以有学员跟我说她给婆婆买了多么贵重的礼物、多么漂亮的衣服，婆婆不但不说她好，反而还责怪她乱花钱时，我就会告诉她，那是因为你没有抓到婆婆的真正需求，没有洞悉真正的人性。你只有在她需要力量支持时，坚定地站在她的一边，给予她能量，她才会认同你是她的"同盟""战友"，而不是"对手"。

2. 学会变相地夸奖婆婆

很多媳妇之所以跟婆婆处不好关系，是因为喜欢挑剔婆婆，尤其是当老公什么事都爱听婆婆的话时，更觉得难以忍受，甚至经常在老公面前抱怨婆婆管得多。

其实，我们完全可以换个角度，就是多当着老公的面夸他的妈妈，哪怕婆婆只做了一点小事，你也找个角度夸一夸。比如，婆婆今天帮你们做饭了，那你就可以当着老公和婆婆的面说："我们每天下班都有现成的饭吃，真好！这都是妈妈的功劳，妈妈辛苦了！"婆婆收拾房间，你也可以夸她："哇，有妈妈可真好，你看这房间多干净！"

同时，你还要经常当着婆婆的面夸自己的老公，比如，"老公你怎么这么能干，都是妈妈教育得好！妈妈，您知道他现在多能干吗？""我觉得自己特别幸运，能找到这么好的老公。妈妈，您说您怎么这么会教育孩子呀，我以后可得多跟您学学！"

这些话听起来是在夸奖男人，其实是在变相地夸婆婆。你可能觉得这样很浮夸，那我要告诉你，男人永远不会忽视一个对他妈妈好的女人，而母亲又永远都希望别人能够认同、欣赏自己的儿子。你恰到好处的夸赞，既让老公感受到了你对他妈妈的好，又让婆婆看到了你对她儿子的欣赏，试问，谁会对一个对待自己亲人好的人产生恶意呢？

3. 学会肯定婆婆的价值

我有个个案，她跟婆婆住在一起，每天婆婆都会跟她说："你要节省点儿，别那么浪费！"买菜、做饭、用水、用电等，处处都能挑出她的毛病，让她非常烦恼。

后来我和她一起分析后，发现其实她婆婆强势的背后，恰恰是一种对自我价值的不认同和不自信。她的婆婆年轻时，经常被自己的婆婆挑剔，总说她什么都做不好。现在她自己做了婆婆，又习惯性地把以前自己被挑剔的那一套用来挑剔自己的儿媳妇，这说明她一直以来都对自己的行为不够认同，所以现在看到儿媳妇有类似的行为时，就会不断放大，用这种方式来进行自我疗愈。

所以有时你觉得婆婆是在故意针对你、挑剔你，其实并不是，即使换个儿媳妇，她仍然会这样做，这只是她自我疗愈的一种方式而已。

与此同时，随着年龄的不断增长，老人还容易产生一种对自我价值丧失的恐惧感和挫败感，害怕家人不认同她，认为她不再重要。为彰显这种价值感，她也会表现出各种各样强势的行为来。

面对婆婆的这些行为，我们该怎么办呢？

很简单，学会肯定婆婆的价值，无论她做什么，你都支持他、赞赏她。比如，当婆婆抱怨自己腰疼、腿疼时，你就坐下来给她揉一揉，并对她说："妈妈您真是辛苦了，您要是累病了，我们家的日子还怎么过呀！您可要保重身体！"婆婆让你节省点儿，你就说："妈妈您说得对，您都是为了我们这个家考虑。"

当婆婆在你这里获得了认同和赞赏后，她的内心就会得到很大的滋养，对你的好感也会油然而生。所以我常跟我的学员说，不管老人多跋扈、爱争抢，甚至蛮不讲理，其实背后都是一种对价值丧失的恐惧，而你的夸奖、认同、赞美，都会让他们从中获得力量，感觉自己活着还有价值。人一旦有了价值感，内心就会是安全而安稳的，也就不会再去释放那种负面情绪了，这时你们再相处也会变得轻松、愉快得多。

权力之争：家里只能有一个女主人

作家六六曾写过一本书，叫《双面胶》，讲的是一个家庭中婆媳矛盾如何发展成为家庭悲剧的故事。本来一对恩爱的夫妻，因为日常积累的矛盾演变成了一次激烈的冲突，最终儿子在婆婆的怂恿下杀死了自己的妻子。虽然这只是小说，但也确实说尽了公婆、儿子、儿媳之间相处的艰难。

有人说，恋爱是两个人的事，婚姻是两个家庭的事。恋爱时，你们彼此相爱就可以了，与他人无关；步入婚姻后，就需要两个没有血缘关系的家庭成员融入同一个家庭中。你们的角色不再仅仅是爱人，还是丈夫、父亲、儿子、女婿，是妻子、母亲、女儿、儿媳，双方都是集多种角色于一身。要把每个角色都做好，并不是一件容易的事，这其中又以婆媳关系最难处理。

其实，当一个家庭中有另一个女人出现时，两个女人之间就形成了竞争关系，除了竞争男人的情感，还有另一个核心竞争点，即这个家到底谁说了算，谁才是这个家里真正的女主人。

如果是与婆婆住在一起，你会发现婆婆经常认为自己才是女主人，因为在儿媳妇进门之前，自己的老公和儿子都听自己的，现在进来的女人只不过是个外人，怎么能成为女主人呢？但儿媳妇认为，自己与丈夫已经建立了一个新家庭，丈夫也从原来的家庭中独立出来了，在自己的新家里，自己当然是女主人，怎么轮得上婆婆做女主人呢？当然，如果与女方父母住在一起，有时女方的妈妈也会把自己当成女主人。

所以，不管是婆媳住在一起，还是跟岳父母住在一起，家庭成员之间都会因为一些生活习惯、育儿方式，甚至男人该听谁的等问题，产生各种各样的矛盾。而矛盾的背后都是家庭角色之争，即家里的女主人到底是谁。

那么，到底谁才是家庭中的女主人呢？

我在前文一直强调，婚姻就是"合伙开公司"，合伙人就是夫妻二人，既不是婆婆，也不是丈母娘。不管这个"新公司"中的合伙人年龄大小、能力如何，既然是你们两个人的"公司"，那么妻子就是"新公司"中当仁不让的女主人。

既然如此，那是不是说明我们与婆婆产生矛盾时，就可以直接搬出自己女主人的"尚方宝剑"，要求婆婆对我们言听计从呢?

如果你这样做，那我告诉你，你不但做不好女主人，还可能加剧家庭矛盾，更重要的是会引起你老公的反感，把老公直接推向婆婆的"阵营"。事实上，要想成为家里真正的女主人，你根本无须挖空心思地与婆婆"斗"，只要做到一点就可以了，就是让你的老公爱你。只要老公爱你，你就是女主人。

所以，一般我在讲课或解答咨询时，都会提供三个对策，让学员或咨询者自己衡量应该选择哪一个。

1. 上策：把女主人的位置"让"给婆婆

很多女人为了彰显自己在家庭中的地位，总是喜欢大事小情都去管，大到家里买房买车，小到每顿饭吃什么，结果常常会因与家人意见不统一而闹矛盾。

与其如此，倒不如把一些小事的决定权交给婆婆，自己学会睁一只眼闭一只眼，如家里要买什么家电、日常三餐吃什么、假期去哪里旅游等。同时别忘了在婆婆做这些事时，当着老公和婆婆的面多夸夸婆婆，如"妈妈就是能干，让我省心多了""有妈妈帮我们，我们真是太幸福了""我的运气怎么这么好，遇到这样一位好婆婆"，等等。

婆婆得到了你的认可和尊重，内心就获得了存在感，即使表面不说什么，心里也是高兴的；看到自己的妈妈高兴，老公自然也高兴，内心也会更加爱你。而你自己也乐得清闲，在家里不必事事亲力亲为，甚至还费力不讨好。

但是，在一些大事上，如买房、换工作、生孩子等，你和老公必须有绝对的抉择权。即使婆婆不理解，你也不能妥协，而是要和老公一起耐心地跟婆婆解释沟通，直到获得婆婆的认可。

2. 中策：跟老公装委屈，不跟婆婆一起住

跟婆婆分开住，彼此间就会减少很多矛盾，但如果婆婆执意要跟你们一起住，而你们又矛盾不断，那只能从老公身上"下手"了。你可以跟老公装委屈，倾诉你的苦处，并且表示感激婆婆对你们的付出，但你真的很想拥有一个属于自己的小家，婆婆也应该去享受自己的晚年生活，而不是在家里面辛苦地照顾你们。

但如果你们有了孩子，而孩子日常都是婆婆照顾，那么走这一步时你就要想好，婆婆走后，谁来带孩子。因为脱离了婆婆的照顾，若老公又不是一个给力的"队友"，那么既要上班，又要照顾孩子，你自己就会很辛苦。

所以，我认为这种方法只能算中策。跟婆婆分开住自然能减少矛盾，也没人会再跟你争夺女主人的位置，但你也必须担负起女主人的

责任才行。

3. 下策：跟老公抱怨、吵闹

这是最低级的策略，却也是很多女人都习惯采用的策略。中国上一代女性的通病就是缺乏自我，习惯在孩子身上找存在感，所以当婆婆进入你的家庭后，很容易想要事事做主，这就会让你产生一种压迫感。这时，如果你跟自己的老公大吵大闹、抱怨不休，不但解决不了问题，还会让老公对你产生反感，他会认为他妈妈自愿承担一切，你不但嫌她做不好，还整天抱怨、吵闹，这不是你的错，是谁的错？

其实所谓的权力之争，说白了无非就是一句话：你的老公爱你，你自然就是家中的女主人。而聪明的女人懂得在一些细节小事上适当放手，给予婆婆存在感和价值感，并肯定和感激婆婆的付出，这样不但自己的家庭地位不会受到影响，还会赢得老公的爱。这才是最利于自己、利于婚姻的做法。

轻松应对家人的埋怨

在地面课时，很多女性朋友都跟我反映说，在家里面，孩子一出现什么问题，老公第一个埋怨的就是自己，说自己没好好照顾孩子；自己出个差或外出学习回来后，婆婆又跟自己叫苦不迭，说孩子这不好、那不对，老公吃不好、穿不好之类的。总之，女人背负了所有家里人对她的期望，同时也承担了家里所有人对她的指责。这些朋友就很无奈地问我："小渔老师，你说说，家不是我一个人的家，出问题却都要我一个人来承担，我到底要怎么做，他们才能满意呢？"

作为女人，我对这些女性朋友的境况十分理解和同情。不过换个角度来说，就像我在讲课时说的那样，这个世界于我们而言是什么样的呢？就是不可能每个人都喜欢你，当然，也不可能每个人都怨你、害你、讨厌你，因为我们活在这个世界上就是为了解决问题的，如果你的生活事事都一帆风顺，那你的人生也就没什么意义了。

但是，经常被家里人埋怨、指责确实又是一件令人不爽的事，尤其很多错误和问题明明不是自己造成的，自己却要成为那个"背锅侠"，换谁心里都不会舒服，很多家庭矛盾也就是这样造成的。

那么，面对家人的埋怨、指责，我们该怎么应对呢？难道只能与对方"硬碰硬"吗？

我要告诉你的是，"硬碰硬"绝对是"伤敌一千，自损八百"的愚蠢做法，聪明的女人才不会这么做，而是会运用更聪明的做法来化干戈为玉帛，不管是跟婆婆，还是跟老公、孩子，都能愉快相处。

1. 学会对对方的话表示欣赏

俗话说，伸手不打笑脸人。无论公公婆婆，还是老公、孩子，不管他们说什么，你都要先对他们的某一句或一段话表示欣赏，但我这里说的欣赏并不是让你直接对对方说"我好欣赏你呀""你好聪明呀"之类的话，而是对对方话语中的一句或一段表示欣赏。

比如，你出差回来，婆婆埋怨你不该外出，没人照顾老公和孩子的生活，如果这时你说："我也不是出去玩了，我是出去工作了呀！何况他们都那么大了，有手有脚的，还天天等着我伺候吗？"这就等于激化了矛盾，婆婆即使表面不再跟你争吵了，内心也会很不满。

如果你换个说法："妈，我知道您这么说是担心他们的身体，他们有您这样的妈妈和奶奶，真是好幸福呀！"这样说，不但描述出了一个客观事实，又给予了婆婆一份认可和赞赏。得到认同后，婆婆的情绪也会缓和下来，这时你再跟她解释也好、沟通也罢，她就不会再和你对抗了。

2. 学会建立利益同盟

什么叫利益同盟呢？

我们常说，"吃人家的嘴短，拿人家的手软"。一个小家庭其实也是一个小社会、小圈层，在这个"小社会"里，你要找到自己的"同盟军"，这样在遇到问题时，才会有人跟你站一队，而不是与"敌方"一起跟你对抗，让你孤立无援。

这个"同盟军"可以是老公、孩子，也可以是其他家人，但要形成"同盟"，你自己首先要有一定的价值，要能为对方提供适当的利益，比如，对方需要钱，你正好有，或者对方需要某些成长方面的帮助，你恰好可以提供，又或是对方需要你的帮忙，而你正好能做到。说白了，就是你能把自己拥有的一些东西适当地分给对方一些，对方才愿意跟你一伙儿。

还有一种方式就是建立反向利益同盟，怎么建立呢？就是你平时习惯找对方帮忙，当然这些事都是对方能做到的，慢慢地对方就形成了一种心理效应——登门槛效应，即你只要一找他，他就能帮你，也会非常自然地帮你去完成，长此以往，你们之间就成了反向同盟体，当有第三方攻击你时，他马上就会在潜意识中维护你、帮助你。

在家庭中，最容易成为你的同盟者的人就是老公。孩子出点儿小问题，你就对老公说："老公你快看看，我搞不定呀，没有你真的不行！"婆婆对你表达了不满，你也可以对老公说："老公，妈觉得我今天花钱有点儿多，虽然我理解妈妈的好心，可她还有点儿生气，你帮我哄哄她行不行？"

前面说过，怎样才能让老公喜欢做事？就是给他赞美、欣赏和鼓励，这样不但能让老公心甘情愿地"听你指挥"，还能慢慢养成与你站成一队的习惯。

3. 学会趋同于对方的价值观

趋同，并不是说事事都必须跟别人一致，比如，对方喜欢什么，你就喜欢什么，对方做什么，你也跟着做什么等。这样的话，如果你不是出于情愿，那么总有一天会厌烦的。真正的趋同，是在别人表达了他不可动摇的价值观后，你能给予完全的认同。

在家庭中，老公跟你的一些生活观念、教育理念等有可能完全不一致，他甚至会说，"女人就应该照顾家庭、照顾孩子，教育好孩子"。如果你发现这一点是他不可撼动的观念，哪怕你多次摆事实、讲道理都没用，那就不要再去挑战他了，倒不如直接认同和接纳他的观点："是的老公，我觉得你说得有道理。"这时，对方才会觉得："嗯，我老婆是懂我的，我们是一类人。"在这样的前提下，你跟老公才能成为盟友，遇到其他问题时才能一起面对。

4. 学会背后示弱和赞赏

有句俗语大家应该不陌生，就是"谁人背后无人说，谁人背后不说人"。不管在工作中还是在家庭中，我们都会在背后说别人，也会被别人在背后说，尤其在家庭中，无论我们做得多好，也免不了背后有人说道我们，比如，婆婆背着我们跟老公告状，或者老公跟岳父母告我们的状，这时该怎么办呢？

非常简单，就是当有人在背后说你不好，而有第三方把这个消息告知给你时，你就当着这个第三方的面，夸奖背后说你的人。比如，老公背着你跟婆婆抱怨你几句，说你几句不好的话，婆婆气不过，过来找你对质，这时你就可以当着婆婆的面说："呀，他真的这么说吗？都是我不好，我没顾及他的面子，其实他做得很好了，是我当时考虑不周。"

这就是背后示弱加欣赏的方法，而这种做法也很容易把第三方拉入你的阵营中，进而成为你的盟友，因为人都是很愿意同情弱者的，而你这个"弱者"又在背后表达了对他人的欣赏，这就更加彰显出你的大度和品质，因此，这是很能为你赚取好感的方式！

所以，我经常跟我的学员们说，"强势并不是强大，有时懂得示弱才是真正的强大"。当然，这里的示弱不是说你就是真的软弱，而是你明明懂得其中的是非曲直，却仍然愿意去欣赏别人的优点，去满足人性的需求，这才是聪明人面对生活的态度。

辛苦育儿期：

第一次当妈，安全的依恋关系贵比黄金

日本作家伊坂幸太郎曾说过这样一句话："一想到为人父母居然不需要经过考试，就觉得真是太可怕了。"的确，我们都没有接受过专业的育儿训练，就这么"无证上岗"了，并在养育孩子的过程中战战兢兢，如履薄冰。尤其是女人，既要承受十月孕育的辛苦，还要承担孩子出生后大部分的照顾工作。都说"女子本弱，为母则刚"，但孕育生命是我们的一种选择，并不是我们必须担负的责任和使命。第一次当妈妈，我们不必苛求完美，有真实的需求，有真实的情绪，反而更容易与家庭、与孩子建立亲密的关系。

"无证上岗"，你准备好了吗

前几天，我在做地面课时，一个学员跟我说，最近她正被父母公婆催生孩子，这让她很烦恼。她和自己的爱人都正处于事业上升期，根本没时间来准备这件事。更重要的是，她觉得自己在心理上还没有做好当妈妈的准备。

通过沟通我了解到，她小时候家庭条件不太好，父母生活压力大，脾气暴躁，动不动就打骂她。她担心自己以后也会这样对待自己的孩子，所以想等做好心理和物质准备后再生孩子。但两边的父母都觉得她太自私，没有承担起做妻子的责任。

我相信每个迈入婚姻的女人，都会有一颗想要当妈妈的心，区别只在于是不是做好了准备。要知道，生孩子可不是为了完成任务，而是要用爱去滋养孩子，用责任去陪伴孩子，这样才不枉孩子投奔你一场。

但是，很多女性成为妈妈并不是经过深思熟虑后做出的选择。我做过很多次地面课，也接过很多咨询，其中不少学员或咨询者都是妈妈和准妈妈。她们来自不同的城市，拥有不同的教育背景，年龄从二十几岁到五十几岁不等，有的家里有一个孩子，有的有两三个，从几个月的小婴儿到二十岁的成年人都有。她们向我咨询关于家庭、孩子等问题时，我都会先问她们："你是怎样决定成为一个妈妈的？"

她们的回答多种多样。

有的说："我原本没想这么早生孩子，但后来意外怀孕，就留下了。可我感觉我自己还是个孩子呢，根本不知道怎么照顾孩子。"

有的说："我就感觉自己年龄不小了，身边像我这么大年龄的朋友都生孩子了，我家人也催我，那就生了。"

还有的说："我老公家是几代单传，从我刚结婚，婆婆就开始催生，后来准备了一下，就生了。大宝是个女儿，现在婆婆已经在催着生二胎了。"

…………

从这些回答中可以看出，有些人是稀里糊涂地就当了妈妈，有些人是做了心理准备的，但不管是在怎样的情形下成为妈妈，做妈妈这件事，理想和现实之间都是有很大差距的。曾经不止一位妈妈告诉我，在生完孩子后很长时间，她都不想抱自己的孩子，因为抱起来后不知道该做什么。很显然，这样的妈妈就是没做好准备，哪怕孩子已经出生了，她对"妈妈"这个身份仍然是抗拒的。

心理学专家武志红老师曾经说过，人们在做很多重大决策前，都愿意去学习，唯独在生孩子这件事关命运的大事上，却是"无证上岗"，想想就觉得可怕。我想说的是，这句话完全没毛病。即便在生孩子前已经无数次想象过养育孩子的艰辛与挑战，在真正照顾孩子时，你仍然会面临很多问题，如孩子莫名其妙地哭闹、动不动就生病，自己不断被打断的睡眠、吃不上一顿安稳饭等，当孩子再大一些还要面对各种各样的早教、幼升小、小升初、叛逆期等问题，甚至还要面对可能出现的产后抑郁，以及自己怎么都减不下去的肚子……

有人可能会说："你就是想得太多了，孩子能吃饱穿暖、能长大就好了呀！想这么多，都不用生孩子了！"

我是没有这么乐观的，我认为，我们把一个小生命带到世间，不单单是让他长大就好，还要让他能够感受到父母之爱、人生之美好，并把这份爱与美好传承下去。在这些妈妈当中，有多少人是尚未学会夫妻相处之道，也没有觉察到自己从原生家庭带来的性格缺陷，就匆匆忙忙地生了孩子，结果让孩子生活在父母之间互相伤害的环境里，或者活在自己喜怒无常的情绪里，孩子痛苦，大人也不见得多开心。

所以，我经常会在讲课中说，"孩子不是一件物品，他是因爱而来的生命"。如果你打算做妈妈，我希望你一定要认真考虑清楚，确定自己的生理是否足够健康，心理是否足够成熟，是否已经做好了当一名合格妈妈的准备。在我看来，计划"上岗"的妈妈应该明确下面几点：

1. 你生孩子的初心是什么

前文说过，很多女人都是稀里糊涂地当了妈，然后稀里糊涂地养育孩子，在养育孩子过程中，出现问题时仍然是稀里糊涂，不知道该怎么做。

我想说的是，在准备当妈妈前，我们一定要先明确：自己生孩子的初心是什么？为什么生孩子？是因为年纪到了，还是因为家人催促？

这些都不应该成为盲目生孩子的理由，只有你的初心是使人成为人，使孩子成为更好的自己，并在孩子出生之后，做好了与他挥手告别的准备，并且明白，夫妻关系才是孩子与自己、孩子与世界建立关系的基础，夫妻的感情才是孩子获得爱、感受爱的途径，那你才真的适合成为一位妈妈。

也就是说，你生孩子并不是为了让自己的人生完整，而是为了让孩子拥有完整的、独立的人生。你要培养孩子成为一个独立的个体，而不是继承你的梦想，甚至延续"香火"的工具，也不是你维系夫妻关系的绳索，更不是你晚年美景的投资品，他们存在于世的唯一理由，只能是：你愿意生，你想要生，你爱他。

2. 你只是孩子的陪伴者，而非管理者和领导者

在任何时候，我们对于孩子来说，都不应该是管理者、领导者，更不应该是操纵者，只应该是陪伴者。当孩子到来后，我们要笃定地信任孩子，真诚地欣赏孩子，尊重孩子的成长规律，不以"爱"之名

去绑架孩子，更不应强势地把自己的思想观念强加给孩子，当成是评判孩子好坏的标准。我们要允许孩子有自己的人生，允许他经历失败、经历苦难，并且笃定地相信，所有的经历都是成就孩子的灵魂使命，哪怕是困难和挫折，也都是孩子成长的契机。

3. 你能借由孩子更好地提升自己

有了孩子后，很多妈妈的时间都会被孩子占用，为此，妈妈可能需要舍弃自己的一些爱好来陪伴孩子、教育孩子，有些妈妈甚至为此放弃了自己所有的梦想，一心一意守着孩子、陪着孩子，生怕孩子在成长过程中出现什么差错。

我是不认可这种做法的，与其如此战战兢兢，倒不如与孩子一起重新成长一次，让孩子看到你在遇到问题和困难时是如何用智慧化解的，以此让孩子在潜移默化之中学会自我察觉、自我疗愈、自我保护，提升自己面对生活、面对人生的能力。这样，孩子不但能从你身上体会到成长的快乐，体会到家庭的温暖，又能以你为傲，从你这里获得源源不断的正能量，进而使他成为最好的自己。

如果你觉得自己已经做好了上面的这些准备，那么我要恭喜你，未来那个奔你而来的小天使，也将会是爱的宠儿，是一个真正的幸运儿。

别再迷信"完美妈妈"的人设

有一段时间，"辣妈"这个词很流行，指的是那些生完孩子后，形象变得更美了，事业发展得更好了，完全没有因为生孩子而耽误人生精彩的神奇女性。

于是，大家就认为，这就是妈妈该有的样子：一边健身，一边搞事业，顺便把孩子生了；生完后，每天活力满满地与孩子愉快玩耍，对孩子进行各种科学教育，同时还能疯狂工作赚大钱。

实际上，你看到的这些不过是一些女明星或名人所立下的"完美妈妈"的人设，你也只看到了她们想让你看到的一部分而已，却不知道她们身后有多少人专门为她们服务：她们不用自己做饭、洗衣服、打扫房间，也不用时时刻刻关注孩子的吃喝拉撒，更不用带着孩子跑各种辅导班，因为这些事情保姆和家庭教师都帮她们做了。

所以，千万别被那些所谓"完美妈妈"的人设给忽悠了。说到底，那些内外兼修、家庭事业两平衡的妈妈，都只是一些完美而脆弱的人设而已。

可在现实中，很多女人在刚刚做妈妈时，依然对当妈妈的生活抱有无限的遐想，希望自己就是那个"完美妈妈"，既能做到经济独立、内外兼修，又能照顾好家庭、给孩子高质量的陪伴。我想告诉你的是，如果你也是这样憧憬的，那很快你就会被"打脸"了，因为你很快就会陷入新手妈妈需要经历的各种水深火热之中，从每天与孩子的屎尿屁打交道，到每天接送孩子上学放学，再到孩子的各个叛逆期，没完没了地闹情绪……不论是哪一种状况，都会有令妈妈崩溃的时候，而这种状态又会让她们陷入焦虑之中，甚至自责自己为什么不能成为一个完美的妈妈。

其实，这个世界上原本就没有什么完美，更没有绝对的对错、好坏之分，只是每个人认识问题的角度和价值观不同而已。而且对于孩子来说，他们需要的也并不是什么"完美妈妈"。

我记得曾经看过一个公益广告，叫《我的"不会妈妈"》。它从一个小男孩的视角出发，讲述了他眼中妈妈的形象：妈妈不会做好吃的美食，说话不会轻声细语，有时也会控制不住情绪，不会尊重别人，不会言行一致，不会说到做到……很显然，这是一个距离完美很远的妈妈。

尽管如此，小男孩却说："我妈妈不会的事情太多了，但我知道有一件事她很会，那就是当我的妈妈。"

可见，孩子在乎的并不是妈妈是不是完美，而是妈妈是不是真实。完美本身就没有统一标准，也许你以为完美，但并不是孩子真正想要的。既然如此,你又何必自己为难自己,非要追求完美呢?

在我看来,作为妈妈,我们在陪伴孩子成长的过程中,并不需要让孩子看到自己多么完美,而是要让孩子看到,我们做每件事的信念是什么,以及遇到困难时,我们能把它当成是人生的常态,哪怕做得不好,也仍然能抱着好奇和探索的心态去体验,并能学会站在自己目标的终点回看起点,找到这些问题存在的意义,同时还能允许这个世界与我们想象的不一样,接纳人生中的各种状态。只有这样,我们才不会被完美所裹挟,才能真正收获幸福的自己和幸福的孩子。

所以,我在帮助一些学员做心态调整时,经常对她们说:

1. 接纳不够完美的自己

对于成长中的孩子来说,妈妈就是他们最权威的行为和情绪榜样,孩子会模仿妈妈的行为和情绪,并从中学习如何管理自己。如果妈妈经常处于焦虑、紧张的状态,或经常失控,那孩子的行为和情绪也不会很稳定。

但是,有些妈妈经常会因为孩子的一点点反应就战战兢兢,担心孩子出什么状况,也经常会因为照顾孩子而产生很多情绪,这其实是已经把孩子当成了"满足"自己的工具。

在养育孩子过程中,每个妈妈都会犯错,这没什么不可饶恕的。

即使我们愿意为孩子付出所有，为孩子改变自己，也仍然做不到完全没有脾气、完全不表达七情六欲中的负面情绪。我们应该允许这个世界上各种无常的发生，当做人做事烦恼忧伤、痛苦迷茫时，我们呈现给孩子的，也不应该是我们一直都能积极、乐观、笃定前行，反而是我们可以拥有复杂的情绪，可以与喜、怒、忧、思、悲、恐、惊等情绪和平相处，让孩子慢慢理解，情绪并无好坏，学会如何与情绪相处才是最关键的。

所以，从今天起，我们与其因为自己做不成"完美妈妈"而焦虑，不如承认自己的不完美，接纳自己在照顾孩子过程中的无助与担心，宽恕自己和孩子所犯的错误，真诚地与孩子相处。这不但能减少自己的焦虑情绪，还能让孩子从小明白，人生不如意十有八九，当这些发生时，我们能够欢迎它，把它当成生活和成长的常态，并知道所有的情绪来了仍然会走，只要我们能拱手相迎、和手相送，友好地与它相处，它就能成为我们生命中的经历，也会助力我们更好地前行。

2. 真实地表达自己的情绪

我的一位学员曾跟我说，她以前在陪孩子时，如果情绪不好，她担心影响孩子，就会努力掩饰。

有一天夜里，她的女儿一直不停地吃奶，让她睡不好，一开始她也忍着，后来实在控制不住了，便大声地呵斥女儿："你怎么没完没了地吃！这么大了还要每天吃！"可呵斥完女儿后，她又十分后悔，因为当初是她自己决定让女儿自然离乳的，现在反过来又责备女儿。

　　于是，她重新调整情绪，告诉女儿："妈妈现在很困、很烦躁，才吼了你，妈妈向你说对不起。但妈妈希望你不要再吃了，妈妈抱着你睡觉，可以吗？"

　　当她说完后，她发现女儿竟然痛快地接受了。最重要的是，女儿刚才眼中的不安没有了。

　　当我们真的有坏情绪时，可以真实地对孩子讲出来："妈妈现在情绪不好，不想答应你的要求，"并且一定要告诉孩子，"这是妈妈自己的情绪，不是你的错。"这要比我们压抑自己的情绪、在孩子面前装"完美妈妈"更重要，因为很多时候孩子是可以捕捉到妈妈的情绪的，而你的刻意掩饰反而会让孩子觉得，人是不可以有情绪的，必须围绕别人的感受走，这反而会使他们丢失真实的自己。

　　所以，在养育孩子的过程中，我们要让孩子逐渐明白，妈妈和其他人一样，都不是完美的，也会有坏情绪，也有自己不能胜任的事情。但这些都并不可怕，只要我们无二分别地去看待它，像对待优点一样去接纳它，它就不会成为我们生命的消耗，反而能让我们的生命更加完整。妈妈只有抱着这样的信念养育孩子，才能让孩子拥有一个稳定、平和的成长状态。

一定要把男人培养成好爸爸吗

没有女人天生会当妈妈，同样，也没有男人天生会当爸爸。从孩子降临到一个家庭起，女人便升级为妈妈，男人升级为爸爸，随着这种身份角色的变化，男人和女人也会出现心理上的变化，甚至是心理上的纠结。一般来说，女人的角色转变速度会比较快，因为天生的母性和有十月怀胎做预热，孩子出生后，女人很快就能适应自己成为妈妈这个事实，并努力做个好妈妈，照顾孩子的饮食起居。但男人的转变速度会比较慢，有些男人甚至根本意识不到自己的这种角色转变，在妻子生孩子前是什么样，在生孩子后基本还是一个样。如此一来，女人心里就容易产生落差感："凭什么我辛辛苦苦照顾孩子、教育孩子，你却什么都不做？"因此，男人也容易成为女人眼中"猪一样的队友"。

在我开设地面课期间，经常会有一些妈妈跟我反映说："小渔老师，以前我觉得自己老公还算顺眼，可听完你的课后，我发现老公越来越不顺眼了！自己不上进不说，还不愿意照顾孩子，有时我照顾得不周到，还要对我指手画脚，怪我这个没做好、那个没做到位，让他做吧，他又说自己不会，真让人受不了！"

还有的妈妈说："小渔老师，我一看到老公惯孩子就生气，孩子现在被他惯的，动不动就撒泼耍赖，油盐不进，你说这可怎么办？"

我相信这类现象在家庭当中十分普遍，不过，这种现象可不是我为大家讲课的初衷。我讲课的目的，是希望女性朋友们能通过学习我的课程促进家庭关系的和谐，同时更加科学、积极、正向地养育孩子，让孩子健康、快乐地成长。所以，我希望大家在听课时一定要明确目的，不要只看到问题的表面。

现在经常有一些观点说，要把男人培养成好老公、好爸爸，要让男人对家庭承担更多的责任。我对这种观点是不太认同的，作为女人，我们要明白的一点就是：永远不要指望男人对我们负责任，不要把自己和孩子幸福的希望寄托在男人身上。尤其是在养育孩子这件事上，我们可以向男人提出要求，但不要指望男人能做到像妈妈照顾孩子那样细心、用心。

为什么这样说呢？

这是由男人的社会特性所决定的。男人天生就是一种狩猎动物，他的思维和眼界永远是向外延伸的，而家庭对于男人来说，就像是一个猎人奔波劳累之后可以回来栖息的"洞穴"。所以你会发现，绝大多数男人回到家后，都会像一只猫一样蜷缩在床上、沙发上，而不是像在外面那样叱咤风云。家庭就是男人彻底放松身心的地方，他不想听任何有碍于他放松的唠叨、吵闹，也不想做任何有碍于自己放松的事情。

女人天生是一种筑巢动物，不管是自己一个人，还是成为母亲之后，她都与其他动物一样，会构筑一个属于自己的巢穴，并在其中抚养自己的孩子。家和孩子对于女人来说，就是她整个世界的中心。虽然现代社会男女平等的观念已经深入人心，很多女性在事业上也干得如鱼得水，但在大多数女性看来，嫁得好仍然很重要。

这种天性的差异，就决定了男性不可能像女性所期待的那样，能时刻守卫家庭，更不可能把教育孩子当成自己的主业。

其实对于孩子来说，他们需要的并不单纯是一个好爸爸，而更多的是一个男人的形象。爸爸给孩子买很多玩具、带他们玩很多游戏，孩子可能会感谢、会开心，但不一定会尊敬爸爸，只有当爸爸作为一个男人散发出魅力时，孩子才会真正理解"爸爸"这个形象到底代表什么意义。所以，不要认为老公没有和你一起教育孩子就不是一个好爸爸，也不要试图按自己的思维去改造老公，非要把他改造成所谓的"好爸爸"。一个男人是不是好爸爸，关键在于他们为孩子展示出了什么样的形象。

　　当然，男人对家庭、对孩子都有不可推卸的责任，如果你想让男人和你一起承担这些责任，首先要摆正自己的心态，明白男人的一些言行并不是故意跟你作对，只是他们的天性使然；其次，你要学会用恰当的方法来引导男人，激发男人的内在需求。前文说过，男人天生喜欢被崇拜、被赏识、被肯定，那你就可以利用男人的这些特性来激发他的行动。

1. 借由孩子表达对男人的欣赏和崇拜

　　有一位心理学家曾经说过，孩子12岁以前，往往会把父亲当成自己的偶像来崇拜。在父亲的光环下成长起来的孩子，自信、勇敢、敢于突破。如果孩子能把父亲当成是一种智慧和力量的话，那么孩子未来拥有的能力也将有更高的提升。

　　但是，孩子怎样才能建立对父亲的崇拜之情呢？关键就在于母亲的引导。如果妈妈经常表达出对爸爸的欣赏、认同、崇拜，孩子自然就会把爸爸当成榜样和偶像来崇拜。

　　所以，我们不妨就借由孩子来表达对老公的欣赏和崇拜，这样不但能满足男人的心理需求，还能在孩子心中建立起对父亲高大、权威的形象。

比如，妈妈经常对孩子说："爸爸好厉害呀，这么难的事爸爸都能搞定！""爸爸真能干呀，妈妈就做不了这样的事。"或者在老公陪伴孩子时，妈妈在一旁说："哇，儿子现在越来越喜欢跟你在一起了，我都吃醋了！""女儿说最喜欢跟爸爸一起，因为爸爸可以帮她解决所有的难题，她还嫌我太笨，不会玩游戏！"

这样借助孩子的角色表达对老公的欣赏，不但能让孩子感受到爸爸很厉害，还能让老公感受到自己对于家庭、孩子的重要性。

也有些妈妈向我表达过她们的担忧，如有的妈妈说："小渔老师，如果我对老公太好，经常表扬他、夸奖他，他会不会越来越骄傲，不把我们当回事了？"

这时我会告诉她们，这种担忧是多余的。因为婚姻关系其实就像"合伙人"关系，那合伙人怎样做才能把共同的事业做好呢？就是互相督促、互相帮扶、互相成就，让彼此的价值感都得到提升，这样事业才能长久地做下去。

因此，在夫妻相处过程中，你不仅要时刻提升自己的价值，还要努力让对方从心性、财富、社会地位及自我价值等方面获得提升。当我们能给予男人足够的价值感时，他自然会十分享受与你和孩子在一起的这个过程，那又怎么会不爱你们、不把你们当回事呢？

2. 满足男人的"英雄主义"情怀

男人都是有"英雄主义"情怀的，都想成为妻子和孩子心中的大英雄。既然如此，我们为什么不满足他呢？

比如，当孩子遇到难题时，你想让老公来解决，不要直接说"去找你爸爸"，而是要说："你爸爸最厉害，他肯定有办法。"而当孩子满怀希望地来到他身边，对他说"妈妈说你最厉害，你肯定有办法"，你认为老公会拒绝孩子吗？他一定会豪气冲天地揽下来！

所以，为了让爸爸的角色越来越到位，妈妈就要偶尔示弱一下，把存在感让给男人，让男人觉得妻子需要他，孩子崇拜他，这会让他非常有成就感，也更愿意陪伴孩子。

总之，男人是不是好爸爸，并不在于他是否能事无巨细地照顾孩子，而在于他能否成为家庭的引领者，能否让孩子透过他看到一种力量、一种权威，这种精神和心灵上的引领对于孩子的成长才是最重要的。

产后抑郁不可怕，疗愈自己是关键

说起产后抑郁，很多人不理解，尤其男人不理解：生孩子不是应该高兴吗？何况还能休好几个月的产假，人生也迈向了一个新阶段，而且不都说为母则刚嘛，怎么想都没理由抑郁啊！

但实际情况却是：女人在生完孩子后，身体内的激素水平发生急剧变化，很容易引起情绪波动；原本姣好的身材变了形，身体最私密的地方还会因生产和产后被众人注视；新生命的到来让她一时之间不知如何应对，小婴儿大大小小的突发状况，黄疸、湿疹、夜哭、吐奶等，都要她来面对；同时，她可能还要暂时放弃工作，在家照顾孩子，这也会让她产生巨大的心理落差，觉得自己多年所受的教育失去了价值。更严重的是，她的状态还可能不被家人理解，尤其不被老公接纳，老公常常会半安慰半厌烦地说："我妈妈年轻时生了我们好几个孩子，也没像你这么矫情！""你都当妈妈了，有什么可哭的？！哭多了影响奶水，宝宝会吃不饱！"……

上天确实赋予了女人与孩子之间独特的生命牵连，女人也的确承担了天然孕育与养育孩子的责任，但是，对母爱泛滥的歌颂却让人们渐渐形成一种认知，那就是身为妈妈，你要永远无条件地贤惠和善良，永远爱孩子和家庭。

可人们却忽略了，妈妈也是人，累了也要休息，受伤了也会难过，痛苦了也需要理解和安慰。一般来说，轻度的抑郁并不可怕，是可以通过自我调节自愈的，但如果长期调节仍然没有效果，且表现得越来越严重，那就一定要及时寻求心理医生的专业治疗。

当然，最好的方法是能提前预防产后抑郁的出现，如果在怀孕生产前你已经做好了足够的心理建设，那么产后抑郁是很少会出现的。

很多人之所以在产后容易抑郁，究其根源，是因为内心期待出现了落差。这些人在小时候可能没有被很好地善待和接纳，长大后她们不但会百般挑剔自己，还总是期望从别人身上获得关注、获得爱。这样的人一旦怀孕生子，就会很容易因为别人的一个眼神、一句话而敏感多疑，更会因为自己的身材变化或自己在情感上无法得到慰藉而耿耿于怀。

所以，要想"根除"产后抑郁，我认为要先从两点上做好功课：

1. 敢于大胆地表达自己的需求

既然当了妈妈，你就要知道，这是上天给予你的一次重生机会，你可以通过孩子更加了解自己，也可以通过怀孕、生产的机会更加了解自己在面对问题时的承受能力。因此，不管是在怀孕期间，还是在生产之后，你都要敢于大胆地说出自己的要求、原则和底线，有不舒服就表达出来，有不想做的事情就直接拒绝，这样才能让你身边的人更好地了解你，知道你是有原则和底线的。

尤其是在向老公倾诉和表达情绪时，不要用抱怨、唠叨的方式去跟他沟通，那样只会让他远离你，因为很多男人根本无法理解为什么女人生了孩子后情绪波动会这么大。所以，你最好直接说出你的需求，如"老公，如果我忍不住发脾气了，你不要跟我生气，也不要教育我，你只要过来抱抱我、拍拍我，我就能很快安静下来"，也可以说"我不是故意要发脾气的，我只是身体出现了变化，我最需要的就是你在我身边，抱着我就行"因为大多数男人都是直男思维，很难猜对你的想法，这反而可能让你更难受。

但是，如果你总是隐忍不发，或者期望老公能自己读懂你、理解你，那你大概是要失望的，因为每个人看待问题的角度和思维是不同的，在你看来很严重的事，在别人看来可能不过是小事一桩，这样就可能让你越来越压抑。而经常把这种痛苦压抑在心里的话，不但会使自己越来越难受，以后还会间接地影响孩子，使孩子无法学会如何排解负面情绪，如何与他人良好沟通，甚至还会形成焦虑型人格。

2. 无条件地接纳和善待自己

不管是在生产前后还是在其他时候，老公是否爱你、婆婆是否会善待你，这都不是最重要的，最重要的是你从怀孕的那一天起，就要好好爱护自己，不论别人说什么，你对自己永远是理解、支持和接纳的，不要把爱寄托在别人身上，而是学会自己创造爱、发现爱、享受爱，更多地把别人身上的问题当作是自己对人性的探索与了解，并且不再以对错、是非去看待他们，而是知道自己才是一切的根源。我们感觉自己没有被善待，是因为我们没有足够地支持自己、理解自己，不敢说出自己内心真实的想法，不敢反抗无礼的要求，不敢释放真实的情绪，从而内心产生极度的悲伤和压抑。

只有当我们学会接纳自己、善待自己，不再期望任何人能如我所愿地爱我们、理解我们时，我们才能拥有独立的人格和强大的内心。这样，即便在生完孩子后遇到任何困境，你也不会再有强烈的得失心，不会再动不动就怨天尤人，而是心里真正拥有属于自己的人生态度，把一切经历都看成是自我成长、认清人性的演练。只有抱着这样的心态，你才会明白，生孩子并不是为家庭做出了多大的牺牲，而是自己人生中大放异彩的一段经历。

另外，还有一种特殊的情况，就是流产后身心的调整与疗愈。有些女性流产后，会产生强烈的内疚、自责心理，认为自己是有罪的、不负责任的、不懂得自我保护的人，这样的评价往往会让自己陷入一种无尽的痛苦之中。如果你没办法站在自主的、独立人格的价值体系中评价自己的话，你永远都会活在别人的眼里，流产后的女性本来是个受伤者，现在反而让这件事造成了更严重的自我伤害。

我曾经说过，在这个世界上，没有人可以伤害你，包括流产的孩子，只有你自己不停地自我折磨，不愿让自己内心安宁，何况很多流产的孩子也并不是你"杀"害了他们，生命的诞生原本就需要一个天时、地利、人和的契机，孩子没有到来，也是多种因素共同选择的结果。所以，对于过去发生的事情，就让它发生，而不要让这种"发生"成为当下和未来自我指责的缘由。

当然，我们并不提倡流产，如果你不加觉察地做这件事，实际上就是一种循环的自我伤害。在不懂得、不知情的情况下流产，是可以被原谅的；但若是在懂得并有觉察的情况下，再去做流产的事，那就是故意伤害了，既伤害自己，也伤害孩子。

总而言之，一个智慧的女人，一定要学会自我保护、自我觉察和自我疗愈。产后抑郁和流产都不可怕，很多产后抑郁和流产之所以造成了严重的后果，有一部分原因是家庭成员的疏忽，更重要的则是女人无法真实地表达自己，不能很好地保护自己、疗愈自己。如果你能做好以上功课，那我相信你是完全可以远离产后抑郁和流产带来的负面影响的，并且还能因为生产而成为一个全新的自己。

隔代养育中的难题，你要巧妙应对

我在跟身边的女性朋友以及我的女学员们交流时，大家经常会提到一个问题，就是隔代养育，这也几乎成了我们这一代人成为妈妈后最为措手不及的问题。

在我的一个个案中，有一位美女律师，她是中国顶级律师事务所的合伙人，非常能干，是一位雷厉风行的女强人。

但是，这样一位女精英却遭遇过一段混乱期，那就是初为人母的时候。

她在生完孩子两个月后就回到了职场，孩子由她父母帮忙照顾。但很快她就发现，在养育孩子的问题上，她与父母之间的冲突不断升级，小到孩子把尿，大到孩子发烧要不要喂药，更严重的是，她发现她的妈妈对孩子的控制欲特别强，不许这样，不能那样，每次她跟妈妈说时，妈妈又会很不服气。

她向我来诉苦时，我很好奇地问她："你工作那么出色，怎么在这件事上这么难受呢？"她特别无奈地说："唉，这是不一样的，因为在处理家庭矛盾时总会带着情绪，我也很纳闷自己为什么不能理性地看待这些问题。"

应该说，隔代养育帮很多年轻父母减轻了负担，而且老人对孩子也是真心疼爱，孩子由他们帮忙照顾，父母也很放心。但不可否认的是，隔代养育确实会产生很多家庭矛盾，其中最大的问题就是老人的一些育儿观念与年轻人不同，比如，现在年轻的妈妈都不太认同给孩子把屎把尿，主张给孩子穿纸尿裤，让孩子自然排便，认为宝宝的衣服应该选安全级别为A类的，辅食添加要遵循一定的顺序，等等，而这些，一些老人就无法理解和认同，或者认为是小题大做，因此双方就会产生矛盾。

对于这些矛盾，我想告诉你的是，我们要允许差异存在，我们自己要与别人活得不一样，就要允许老人与我们活得不一样。何况孩子未来要面对的本就是一个多元化的社会，家庭成员之间不同的观念和做法，恰恰可以帮助孩子提前适应社会。所以，不管是老人带孩子的一些习惯，还是老人的某些生活观念，我们不但不应该反对，反而应该允许和接纳它们的存在。

其实，很多时候往往是我们自己放大了焦虑，担心老人的观念和做法会阻碍孩子自理能力和独立性的发展，但美国临床心理学家南希·麦克威廉姆斯曾说过："在所有的文化当中，祖辈都是溺爱孩子的，无论在美国、欧洲，还是在中国。这没有问题，来自祖辈的适当的溺爱，对孩子而言是美好的体验。"

这样看来，隔代养育根本就称不上是问题，不仅不是问题，而且对于孩子的成长还是有好处的呢！

所以，如果你与老人在养育孩子时出现了一些矛盾，我给你的建议就是：

1. 不求养育观念一致，做到求同尊异最理想

家庭本来就是社会的缩影，在家庭中，每个人都有各自不同的价

值观和为人处世的方式，所以在养育孩子时，我们完全没必要一味追求观念的一致性，这样，孩子才能从小学着以多元化的视角去看待世界、理解世界。否则，如果孩子在家庭中接受的观念太过单一，长大步入社会后，一旦遇到与自己观念不符的事情，内心就会遭受极大的冲击和颠覆。而一个人的思想越单一，人格就越狭隘，性格也会越偏激，认知事物的角度也越单一，这样的人在社会上，不管是变通能力，还是思辨能力，都会非常差，更别提社交能力和情商了。

所以，在我看来，隔代养育也好，家人之间因为养育观念出现争执也罢，重点都不是谁对谁错，也不是谁的观念更先进，而是应该正向地引导孩子，让孩子从小就了解到，不同年龄、不同性别、不同文化背景及不同生活环境的人，他们在处理问题时的思维都是有差异的。也就是说，我们要帮助孩子学会看到人与人之间的差异，并且学会求同尊异，尊重别人的人格特点，而不是试图改变对方、控制对方，要求对方与自己保持一致，从而逐渐帮孩子树立起如何与他人共同生存、共同协作、互相赏识、不以成败对错去评论事情的观念，也让他学会站在人性的角度去沟通和换位思考，多角度地去认识世界、了解世界。只有这样，孩子未来才能成长为一个人格健全、阳光自信的人，也才能学会与他人和平共处，共同生存。

2. 考虑与老人分工合作

在养育孩子的问题上，我们与老人产生矛盾还有一个重要原因，就是家庭的控制权问题，比如，老人想要继续发挥他们的权威，成为家庭的最高决策者，控制我们和孩子，而我们又认为自己才是这个家的主人，应该发挥"主人翁作用"，老人也应该听自己的。这种家庭控制权的长期争夺，必然会影响家庭成员之间的关系，更重要的是可能会对孩子的人格产生影响。

为了避免这种局面出现，我的建议是：将家庭成员进行明确分工，比如，老人负责孩子的饮食起居、日常陪伴，爸爸妈妈负责孩子的教育、情绪与人格培养等。当然，随着孩子的成长，每个人负责的部分肯定会有交叉，这时各负责人可以耐心地提出自己的观点，大家在一起讨论，而最终的决定权仍然在最直接的负责人身上。当孩子长大一些后，一些问题也可以由孩子自己决定。

这样明确了各自的"职责"后，再遇到问题就容易解决了，即使偶有分歧，大家出于对孩子的爱，也能做到彼此让步。所以，不管是隔代养育，还是亲力亲为，在养育孩子方面其实都遵循着一个重要前提，那就是出发点都是对孩子的爱，这才是我们所有家庭成员的共识。

遭遇青春期：

重构你与孩子的亲子关系

　　对于女人来说，在家庭中，除了与伴侣之间的关系外，最重要的就是与孩子的关系了。在我接触的许多个案中，我发现，那些与父母关系融洽的孩子，往往更独立、更自信、更乐观，处理各种问题的能力也更强；相反，如果父母过于强势或对孩子缺乏界限感，孩子也容易出现这样那样的问题。尤其当妈妈的更年期遭遇孩子的青春期时，妈妈与孩子的关系就会更加紧张。这就要求妈妈不仅要学会精进与孩子之间的关系，还要协调好伴侣与孩子的关系，用恰当的方式培养身心健康的孩子，重构与孩子之间的亲子关系。

关系角色错位对孩子的影响

我有两个朋友，他们都有孩子，并且都跟公婆一起住，但他们的家庭关系却是两种完全不同的状态。

其中一位朋友经常跟我抱怨，说自己活得很累、很憋屈，公婆跟他们的生活方式不一样，每天晚上，她婆婆都会雷打不动地听京剧睡觉，但由于耳背，又经常把声音调得很大，吵得她睡不着。她让老公跟婆婆说说，老公说了几次也不见效，就对她说："老太太说声音小听不见，起不到催眠作用，你就忍忍吧！"为此她跟老公吵了好几次。

再说孩子，老公总认为孩子是一家人的希望和未来，大人受点委屈没什么，不能让孩子受委屈，只要孩子有需求，老公就会牺牲陪她的时间去陪孩子。有时她稍微表达一下自己的不满，老公就说她"不懂事，跟老人和孩子计较什么！"

另一位朋友刚好相反，每次跟我聊天，我都能感觉她洋溢着幸福。在她家里，老公始终把和她的关系放在第一位，比如，周末孩子要去学钢琴，老公会让孩子自己打车去，而他则会陪妻子去逛街、看电影，因为周末是属于他们夫妻的时间，他们有自己的活动。

又如，每天吃完晚饭，收拾完家务后，老公会和她拉着手出门散步，把公婆和儿子留在家里。公婆怡然自得地看电视，儿子自己写作业，似乎并不觉得他们夫妻自顾自出去散步有什么不妥。

为什么家庭模式相似，但女人在其中的感受却完全不同呢？原因就在于在第二个家庭中，夫妻关系是家庭关系的核心，而在第一个家庭中，任何一段关系都高于夫妻关系。

事实上，第一种关系模式普遍存在很多家庭中，即便不与老人一起住，只有自己一家三口，夫妻双方也都把孩子当成家庭的重心。很多妈妈都跟我说，自己总因为孩子的事儿跟老公吵架；有些妈妈平时还跟孩子住在一起，跟老公分居；即便跟老公聊天，聊的也都是孩子，除此之外似乎没什么能聊的。这些现象在心理学上有个非常著名的称呼，叫作"双峰干涉效应"，它所揭示的原理就是，你越注重什么，它就越按照违背你期待的排序呈现在你面前，也就是说，你在家庭中越重视孩子，孩子就越不按照你期望的那样成长，同时你的家庭关系也容易出现问题。

我在讲课时经常讲，在家庭中，夫妻关系才是所有关系的核心，也是家庭的支柱，它一定是优先于亲子关系的。只有夫妻之间关系甜蜜，并且双方"各司其职"，孩子才会健康成长。在这个世界上，父母能给予孩子最好的爱，就是爸爸爱妈妈；而要想让孩子形成很好的三观，就是妈妈懂爸爸。如果你去过国外，或常看国外的电视剧、电影的话，那你就会发现一个小细节——男人从外面回到家后，首先会亲吻自己的伴侣，然后再亲吻孩子。这其实是希望孩子从小就明白，他们最爱的人是伴侣，而不是孩子。

但我们国人正好相反，很多人从外面回到家后第一件事是去看孩子，然后再去看伴侣，甚至对伴侣连看都不看一眼，这简直就是本末倒置。

在一个家庭当中，爸爸通常会对孩子的学业、未来的事业和财富产生影响，妈妈则会对孩子的性格养成、人际关系及未来的婚姻家庭产生影响。两者只有结合到一起，才能帮助孩子形成完整的性格体系，成为一个个性完整的人。如果父母的关系角色错位，那对孩子的伤害将是非常大的。

1. 孩子容易形成讨好型人格

父母角色关系错位，一般是因为其中一方角色缺失，另一方扮演了"爸爸"和"妈妈"两个角色，或者妈妈表现得过于强势，而爸爸又过于懦弱，这时其中一方就容易表现出情绪的不稳定。而孩子面对情绪不稳定的父母，心理就容易出现畏惧、害怕的反应，有时为了不让父母的情绪波及自己，还会去刻意地讨好父母，做父母喜欢的一些事。有一部日本电影叫《被嫌弃的松子的一生》，里面的松子就是典型的讨好型人格，为了让爸爸开心，她经常扮各种鬼脸逗爸爸笑，可自己的内心却是千疮百孔。

2. 孩子的内心容易出现纠缠与分裂

在孩子心中，父亲的形象是高大的、具有权威性的，孩子会带着崇拜的眼光去看待自己的父亲。但是，如果家庭中母亲过于强势，经常当着孩子的面贬低父亲，与父亲关系不好，甚至和孩子结成联盟来一起针对父亲，那孩子的内心就会出现纠缠和分裂。

同样，如果在家庭里面父亲过于自私、自我，对母亲缺乏关心和爱护，母亲承担了家庭中几乎所有的责任，孩子就容易走向另一个极端，如果是男孩，他会不懂得尊重女性，如果是女孩，她很可能会形成自卑型人格。这样的孩子长大以后，也很难处理好自己与家庭、与伴侣之间的关系。

所以在家庭关系中，一定要有一个正确的排位，首先是夫妻关系，其次才是亲子关系。夫妻之间关系和谐，爸爸爱护妈妈，妈妈心疼爸爸，爸爸、妈妈与孩子的关系才会好。一旦夫妻关系出现问题，首先受伤害的就是亲子关系。很多夫妻出现矛盾后，孩子要么成为父母争夺的同盟军，要么成为父母怨恨的出气筒，而孩子对父母的爱又是天生的，对亲密关系的渴求也使得他们受再大的委屈都不愿承认父母有错。如果父母不能修复关系，也不懂得正确引导孩子，那这种不和谐的夫妻关系就会对孩子造成巨大伤害，这也是为什么童年幸福的人，一生都会被童年治愈，而童年不幸福的人，往往需要一辈子来治愈童年。

面对"糟心的老公"和"失望的小孩"

我们经常说，孩子在成长过程中，爸爸不能缺席，有爸爸的指引，孩子才会成长得更勇敢、更乐观、更有担当。但是，理想很丰满，现实却通常很骨感，有些爸爸即使会教育孩子，有时起到的也不一定是积极、正向的作用。

曾有一位妈妈给我打电话，说自己9岁的女儿跟爸爸的关系很不好，爸爸动不动就批评、责骂女儿，女儿经常被爸爸训哭，对爸爸也很畏惧。自己也多次跟老公沟通，可老公并不觉得自己有问题，还说："我这是为她好，你看看她的学习都散漫成什么样了？都是你惯的！"可妈妈觉得，孩子学习有问题应该慢慢引导，一味地数落、责骂怎么能行呢？

两方面都协调不好，这位妈妈就找到我，问我到底该怎么办。

很多妈妈应该都面临这样的问题：老公经常用粗暴的方式教育孩子，孩子对爸爸又爱又怕，却又改不掉自己的一些坏习惯。

面对这样"糟心的老公"和令人"失望的小孩"，妈妈该怎么办呢？

其实处理类似的问题并不难，一般我会先问妈妈："你们认为爸爸为什么会对孩子有那么多指责、气愤？为什么孩子会对爸爸有那么多畏惧呢？"

原因就在妈妈身上。因为在家庭当中，妈妈起着承载家庭关系的作用，如果妈妈没有承载好老公，也没有承载好孩子，那么老公和孩子的关系就容易出现紧张。最重要的是，你没有读懂老公背后的需求是什么，也没读懂孩子背后的需求是什么，全家人的关系也就不会和谐。

我们先来分析一下，老公为什么会经常批评、指责孩子？因为他没看到孩子的进步，这让他非常挫败，没有成就感。孩子对于男人来说是什么？是一种尊严，而男人最想要的是什么？就是尊严和成就感，还有他的面子。在家庭中，如果你总是当着他的面说孩子的不好，那么这个男人的尊严就会受损，也得不到成就感，还会觉得没有面子，这时他就会认为是妻子和孩子的问题，但在妻子身上又找不到什么毛病，那就只能挑孩子的毛病了。而处于青春期的孩子又有了独立意识，容易挑战他的权威，他发现自己跟孩子说话没效果，孩子一直没进步，所以就会更恼火。

那么孩子需要的又是什么呢？是认可、表扬和自我价值感。每个孩子都希望得到父母的认可和表扬，并从中找到自己存在的价值。但爸爸每天对他都是指责、打击，他又怎么能有自我价值感呢？既然如此，那干脆破罐子破摔好了，因此也就会表现得越来越差。

弄清了老公和孩子有这些表现的原因，你再面对他们时就有了应对方法，简单来说，就是他们需要什么，你平时多给一些就好了。

1. 多表扬老公和孩子，给他们想要的成就感和价值感

在家庭中，老公想要成就感，那你平时就多对他说一些让他有成就感的话，如"我发现孩子在你的教导下，写作业越来越快了""儿子今天告诉我，他其实也知道你为他好，他也会认真学习，要是你再温柔点就更好了""女儿最近越来越喜欢运动了，这都是你的功劳"，等等。

当你把这些成就呈现在老公面前，并告诉他，他在其中起到了多大的作用时，他的焦虑、失落心理就会降低，成就感则随之增高。

孩子需要认同和表扬，你就在生活细节、学习习惯，或者自理能力、穿衣打扮等方面，多找一些能认同和表扬他的点来满足他，多跟

他说一些肯定、赞扬的话，如"你自己把衣服洗完啦，真让妈妈省心！""你最近写字有进步了，加油哦！""看到你主动帮助同学，妈妈感到很骄傲！"，等等。

你还可以把孩子的进步、表现等记录下来或贴在墙上，让老公和孩子都看到这些成果，此时他们都会获得极大的内心鼓舞，成就感和自我价值感也会获得提升。

2. 背后夸老公和孩子，让他们感受到你的真心实意

不管是成人还是孩子，喜欢听人夸都是天性，但当面夸和背后夸，效果是完全不同的。我经常跟朋友们说，真正高情商的人，都懂得在背后说别人好话，这不仅能体现出他的涵养、胸襟和气度，如果对方知道有人在背后夸了他，那对提升对方对他的好感度、对增进他们彼此之间的关系，都会产生非常好的助益效果，因为背后夸人往往都是真正欣赏、喜欢、认可时才会去夸。如果老公和孩子知道你在背后夸他们，他们也会非常有成就感和价值感，表现也会越来越好。

3. 在外人面前夸老公和孩子，给足他们面子

如果你能坚持在一段时间内反复尝试这种方法，那你就会发现它

比前面两种方法的效果更加明显。

比如，当着公公婆婆的面夸自己的老公，如："妈妈你知道吗？××现在对我们儿子的学习特别上心，儿子在爸爸的指导下进步可大了！"或当着朋友的面夸老公："我们家××可会教育孩子了，对孩子超有耐心！"这都会让老公感觉特别有面子、有成就感。

对孩子同样如此，如"××现在表现挺好的，这个月月考又进步了！""××现在就像大人一样，很会照顾我和他爸爸了！"这样的话，孩子听了能不开心吗？为了证明妈妈说得这些都是真实的，他也会越来越努力，自律性也会越来越强。

说到这里，可能有人认为我提出的方法太宠溺老公和孩子了，万一惯坏他们怎么办？那我告诉你，这不是宠溺。宠溺是对对方的控制和过度保护，是对对方的不信任，甚至剥夺了对方的自尊；而夸奖、表扬是对对方言行的认可和欣赏，会促使对方继续强化这些好的行为，这与宠溺是完全不同的。

尤其对于孩子来说，能得到父母的认可与表扬，这对他们是非常大的鼓励，不但能强化他们的自律性，还能构建他们的安全感和自尊心。当孩子的自律性、自尊心、安全感构建起来后，以后即使再遇到困难，他也能够坚强面对。

夫妻之间教育观念不一致怎么办

找我做个案的女性朋友中，有一些不是因为单纯的夫妻之间的矛盾，也不是因为自己与孩子的关系而来的，而是自己与老公在教育孩子的观念上不一致，由此引发了一些无法调和的矛盾，来找我解决。

比如，有的爸爸在教育孩子时简单粗暴，动不动就训斥孩子，认为"棍棒底下出孝子"，而妈妈则认为，即使孩子做错了事，也要用温柔的态度慢慢引导孩子，跟孩子好好讲道理，一旦老公训斥、批评孩子，她就会马上把矛头对准老公，结果矛盾就爆发了。

所以，在我们的家长群里经常有妈妈向我诉苦说："小渔老师，我今天跟老公吵起来了，他竟然说孩子智商低！""小渔老师，我老公今天竟然因为孩子考试没考好要揍他！平时不管，一管不是打就是骂，我真受不了他！"……

这些家庭现象非常常见，我对妈妈们的心情也是万分理解加同情，但我知道，她们更希望我给她们支支招：

1. 把老公当"天气"看

以往诸多教育专家都指出，在教育孩子的问题上，父母双方的观念要保持一致，但现在越来越多的科学家、心理学家都站出来反对这种观点，认为不能让家庭教育的观念过分一致。家庭就是一个小社会，而整个社会的价值观不可能都是一致的，如果孩子在一个价值观几乎完全一致的家庭中长大，那他长大后要如何去适应这个多元化的社会呢？一个人接触的人、接触的环境差异化越小，他的内心就越狭隘、脆弱，未来一旦面临复杂的人、复杂的环境，就会无法适应。

所以，只要老公不是严重地责骂孩子，甚至家暴孩子，只是与你的教育观念有些不一致，你完全不必担心。同时，我教你一个办法，就是把老公当"天气"看就好了。

这是什么意思呢？

我们知道，天气经常有阴晴变化，不会一直都晴空万里、阳光明媚，也常常会有电闪雷鸣、狂风暴雨，人的情绪也是这样。既然如此，你又何必那么在意呢？不如大事化小、小事化了。孩子未来走上社会后，必然要面对各种各样性格不同、想法不同、价值观不同的人，现在在家庭里提前适应，未来也才能更好地适应社会。

所以，我经常跟家长们说，在家庭中，你事事都为孩子包办是一种溺爱，但还有一种更可怕的溺爱，就是你要求所有人都对你孩子好，都要用你认为最科学的方法教育你的孩子，在学校里也希望老师、同学都对你孩子好，这怎么可能呢？如果你有这种期盼，那简直是对孩子最大的伤害。要知道，他的世界越单调，他未来的"长宽高"就越有限。一个人一生原本就是在立体式地成长，需要多种多样的能量，这样他以后才能更好地适应这个世界，而你为他营造的是个"温室"，那他长大走上社会后，要依靠什么去适应复杂的社会呢？

家庭中不同性格、不同脾气、用不同方法处理问题的成员，对待孩子的不同态度其实都是对孩子的磨炼。所以，我建议你冷静地看待这方面的问题，没必要大惊小怪，觉得无法接受。

2. 学会借力使力

当然，如果老公经常这样莫名其妙地批评、指责孩子，孩子往往会摸不着头脑，不知道自己到底该怎么做才对，这时就需要你出马了。

首先，你要保持冷静，不要跟老公吵。要知道，妈妈的脸色决定孩子看世界的颜色，一旦你控制不住自己，跟老公吵闹起来，孩子的心理就会崩塌，他会想："噢，原来以后我遇到这种问题时也要有这样的反应啊！"这样一来，他的情绪就会比你更加激烈。而爸爸为什么批评他，以及他是不是真的犯错了，这些他根本不会再关注。

其次，你要允许孩子表达自己的观点和情绪，即使孩子当时的情绪有些偏激，也没关系，比如，他可能会说："我讨厌爸爸！""我恨他！""我不喜欢他！"这些都是孩子的情绪发泄，你不要阻止他，更不要说"爸爸都是为你好""你不能这样说爸爸"，要允许他把情绪先发泄出来。只要孩子的愤怒情绪完全排解出来，他才能回归到一个冷静、理性的状态，这时你再借力使力，引导他去思考。

等孩子冷静下来后，你可以问他："宝贝，妈妈知道你刚才不高兴了，如果你是爸爸的话，你会怎么做？"孩子可能会说："我肯定不会这样做，我会跟孩子好好说话……"当然，他也可能会有其他的答案，但不管孩子的答案是什么，我们都要记住一个原则，就是"问答赞"，即使他的回答不是很合理，你也要肯定他的表达，可以说"谢谢你把真实想法告诉我"或者"你的想法也有道理"。

最后，我们既然引导孩子站在爸爸的角度重新看待问题，并且寻找了解决方案，那么这时就要再问问他："如果你像爸爸这样管自己的孩子，而你的孩子不听话，那你会是什么样的感受呢？"

这时，孩子才会明白，爸爸刚才的表现、感受都是从何而来的。只有到这一步，你才唤醒了孩子对爱的感受，让孩子明白，不管发生什么事，爸爸的爱都是存在的。这样一来，孩子才能逐渐学会如何看待问题和解决问题，将来他遇到类似问题时也会思考：除了像自己的爸爸以前那样吼叫外，是不是还有更高级的处理方式呢？如耐心地跟对方沟通，倾听孩子怎么说，弄清孩子行为背后的原因等。

当然，我这样说不是要否定爸爸在家庭中的权威，而是希望妈妈能借由爸爸的做法、表现来引导孩子进入一种思考模式，让孩子从中学会用更恰当的方法处理问题，而不是陷入一种埋怨、指责或对爸爸的批判、怨恨当中。妈妈就是爸爸和孩子之间的一座桥梁，这座桥梁搭建得好，孩子不但能感知到爸爸对自己的爱，还会在与父母的沟通过程中逐渐学会解决各种问题，这才是最关键的。

除了爸爸批评、责骂孩子会让妈妈无法忍受外，还有一个问题也让妈妈们很扎心。

曾有一位妈妈跟我吐槽说："小渔老师，我家孩子在学校和在家里简直判若两人，在家里很乖、很听话，在学校里却经常打架惹事。不仅如此，对我和他爸爸也这样，在爸爸面前很听话，在我面前就经常顶嘴，这怎么办呢？"

这种情况在很多孩子身上都会有，一面是父母眼里的乖宝宝，另一面又是学校里的"小霸王"。如果不是老师反映给家长，可能家长永远不知道孩子还有另一面。

还有的孩子是在爸爸妈妈面前表现完全不同，可能爸爸严厉一些，孩子在爸爸面前就很听话；而妈妈宽容一些，孩子在妈妈面前就会很"作"。

这种情况是怎么形成的呢？很简单，就是父母的教养方式过于严格导致的。也就是说，你对孩子挑剔越多，他越容易变成"两面派"。一方面，他想像你一样，拥有强权，但另一方面，他又怕你、排斥你。长此以往，孩子就会不断陷入一种矛盾与自我否定之中，为迎合别人也会做出不同的表现，严重时甚至会出现人格分裂。

所以，当你发现孩子出现这类行为时，不要急于去制止孩子，而是要反思一下，是不是自己平时对孩子过于严格了，如果有，一定要及时调整教育方式。

此时，有些妈妈可能又会陷入另一个误区：不能对孩子太严格，那对于孩子不好的行为也要听之任之吗？

当然不是。在我看来，孩子是希望获得肯定的，你要发自内心地去寻找孩子身上的闪光点，同时适当为孩子设立规矩。但要注意，你设立规矩的目的不是为了限制孩子的行为，而是为了让他在规矩当中增长智慧，学会更好地解决自己遇到的问题。当孩子获得了更多的认可和鼓励后，他对家人、对同学、对社会就会产生更多的安全感，并愿意呈现出自己友好的一面。

当着孩子的面吵架并不可怕

曾经有一位妈妈向我咨询，一开口，我就感受到了她的满腔怒火："小渔老师，我简直要被我老公气死了！我跟我老公有时在工作或生活上会有一些矛盾，我跟他说过很多次，我们不要当着孩子面前争吵，有什么问题我们背着孩子说，可他就是改不了，不管孩子在不在我们身边，只要他认为我说得不对，立刻就跟我吵了起来，我使劲儿给他使眼色，跟他说不要吵，我们慢慢说，但根本没用！我真怕这样会影响孩子！你说这怎么办呀？"

我问她孩子几岁了，她说12岁。

我相信很多父母都有这样的顾虑，即使双方有了矛盾，也会刻意避免在孩子面前发生争执，有时趁孩子不在家或睡觉了，才敢把问题摆出来。而在孩子面前呢？永远都是一副和和美美、恩恩爱爱的样子。可是，这样真的好吗？

我们可不要小看了孩子，别说十几岁的孩子，即使是五六岁的孩子，也有着敏感的神经，父母有没有生气、吵架，他们是能感觉出来的。如果父母明明发生了冲突，却在孩子面前假装一团和气，孩子反而觉得自己被父母欺骗了，这比父母当着孩子面吵架对孩子的伤害更大。

夫妻之间发生争吵是在所难免的，不吵架才不正常，而对于孩子来说，爸爸妈妈吵架也并不是什么严重的大事，重要的是，父母在孩子面前吵完架后如何解决问题。也就是说，我们可以吵架，但一定要让孩子看到我们和解的过程，让孩子知道哪些冲突是不会破坏关系的，以及我们在冲突的过程中如何控制自己的情绪、如何积极地解决问题。

所以，当我们跟伴侣之间的冲突不可避免，并且呈现在了孩子面前时，我的建议是这样的：

1. 控制好自己的情绪

夫妻之间发生冲突的原因是什么？是彼此认知不同、思维方式不同，所以有矛盾很正常。而允许你们在孩子面前发生冲突，是为了让孩子认识到，这个世界上并不是所有人都一样，也不是所有人的观点都一致，即便你不想吵架，也不表示对方一定认同你，不跟你吵架；你不想用暴力方式解决问题，不代表别人也不会用这种方式。因此，我让你不要避讳在孩子面前吵架，其实是在帮助孩子看到世界的真相，看到人类的多面性。

但要注意的是，在你跟对方发生争执的过程中，一定要控制好自己的情绪。有些夫妻吵起架来简直就是发狂，不但大骂对方，还会连带骂一遍对方的亲戚、朋友、家人，这就太有杀伤力了，孩子从中完全看不出积极的东西，反而全都是负面、否定、指责的情绪。这种吵架方式我不希望出现在你的生活中。

在吵架时，你的情绪力用到30%就行了，剩下的70%用来做什么呢？用来积极处理你之前30%的情绪。比如，你跟老公争吵完，彼此都冷静下来后，你就可以当着孩子的面对老公说："我现在有些生气，而我生气的原因是……""我刚才有些焦虑，因为……""我刚才的态度不太好，我就是太着急了……"

这时，不但老公能捕捉到你生气背后的原因，孩子也能学着理解如何处理自己的情绪，以后他遇到类似情况时，也不会发无名火，而是会像你一样，去积极沟通和解决问题。

2. 不要带着人格标签去挖对方的痛点

这是什么意思呢？就是吵架时不要进行"人格暗杀"，而是要就事论事，尤其不要当着孩子的面说对方"不负责任""没用""不求上进""你太让我失望了"之类的话，或者否定自己对对方的感情，说"我已经不爱你爸爸了""我就不该认识你爸爸""我认识了他简直太倒霉了"，等等，你当时说得很痛快，情绪发泄得也很爽，可你知道这会给孩子造成什么影响吗？

在孩子眼中，爸爸就是他的天，妈妈就是他的地，你这样给他的爸爸贴标签，就相当于破坏了孩子心目中父亲高大伟岸的形象，那简直就相当于让孩子的天塌了一样呀！孩子会想："原来爸爸是这样的人""妈妈竟然不爱爸爸了""原来他们俩已经没感情了，只因为有我，他们才不得不凑合在一起""都因为我，才让他们这么痛苦……"这就会导致孩子产生自我怀疑、自我否定的心理。

另外，如果你的家中还有其他家人，如双方父母等，经常在吵架时牵扯到家人，如女方说公婆不好、男方说岳父母不好等，会让孩子产生一种很分裂的感觉。因为在孩子的认知中，爷爷奶奶、姥姥姥爷都是爱自己的，而现在却被自己的爸爸妈妈否定甚至指责，孩子怎么能接受呢？

所以我要特别提醒你，你可以当着孩子的面跟伴侣吵架，但吵架尽量不要波及别人，尽量把争吵控制在你们两个人之间，否则不但很难吵出结果，还会严重伤害孩子的身心健康，那简直就是"三"败俱伤。

3. 巧妙应对冷暴力

有些男人在吵架后，会采取回避方式，也就是我们常说的冷暴力，既不理你，也不积极解决问题。之所以这样，是因为男人天生表达能力不如女人，尤其在面对矛盾和冲突时，更习惯于逃避、躲藏。

实际上，男人冷漠的背后是一种深深的恐惧，他担心自己不能圆满地解决问题，那怎么办？不如直接躲起来，不去面对。这时，有些女性就会沉不住气，在孩子面前抱怨不休："你爸爸就是个不负责任的男人，就知道躲！""你以后可不要像他这样没出息！""他太让妈妈伤心了，妈妈现在只有你了……"结果呢？孩子可能会跟你站在同一阵营，但却从此对爸爸产生了轻视、蔑视甚至怨怼心理，更别说以自己的爸爸为权威、为榜样了。当孩子心中的权威被妈妈破坏，变得毫无尊严后，孩子就会慢慢形成无视权威的心理，未来也很难遵守社会上的权威。

所以，一旦你们吵完架，老公对你冷暴力后，你不要当着孩子的面数落老公，也不要强行缠着他来解决冲突，而是可以采取更温和的方式来沟通，如写信、发短信等，这样就既不会激化矛盾，还能让孩子看到你积极解决问题的态度和方式。同时还要记住，不管你们因为什么吵架，或者谁对谁错，都不要在孩子面前否定对方，而是要告诉孩子："我跟爸爸因为一些观点不同吵架了，虽然我们现在都有些生气，但这并不影响我们爱你。""爸爸妈妈现在正在思考用什么更合适的方法来处理问题，所以我们现在都要冷静一下，你不要担心。"

这样，不管你与伴侣之间发生什么，孩子都不会因此对父母的爱、对自我产生怀疑，而是相信无论父母之间发生什么，他们都是爱自己的，内心也更有安全感和归属感。更重要的是，在这个过程中，孩子可以慢慢学会如何处理与他人之间的矛盾，如何与自我、与家人、与他人和谐相处。

做个"不讲理"的妈妈，培养"不懂事"的孩子

很多妈妈在养育孩子过程中，都会出现情绪爆炸的情况，但事后又会感觉很后悔，觉得自己当时那样对待孩子太过分了，尤其是看了

一些育儿书籍或学了一些育儿课程后，便会更加认为自己当初的一些言行对不起孩子，后悔自己对孩子的教育不当，导致孩子出现了一些问题。

在这里，我要告诉大家的是，你完全不需要为此后悔、自责，因为这个世界上的任何事情本就是最好的安排，所有事情也都是本该发生的。作为妈妈，我们把孩子带到这个世界上，也一定是在竭尽所能地给予孩子所需要的一切，给不了的，就需要孩子将来通过自己的能力和智慧去探索和创造，也只有这样，孩子才能真正成长起来，去获得自己的能量，完成自己的使命。如果我们因为跟孩子发了个脾气、批评了孩子几句，就活在内疚、后悔之中，那岂不是否定了孩子自我成长和自我修复的能力了吗？

说到这，一些妈妈可能会说："小渔老师，你这样不就是让我们成为'不讲理'的妈妈了吗？"我要告诉你的是，我就是希望你做一个"不讲理"的妈妈。我们在养育孩子的过程中，最重要的一件事是引导孩子，让他具备绝处逢生的力量和智慧，让他能把自己经历的痛苦转化为人生的财富，转化为探索人性、自我疗愈的能力，转化为他自我成长和驾驭人性的能力。但是，如果你事事都跟孩子"讲理""讲情"，发现自己说错话了、做错事了，就一味地自责、后悔，想着怎样去请求孩子的原谅，那孩子又怎么能获得自我成长的能量和智慧呢？

孩子未来要面对的人生中，也一定会遇到各式各样的人，但并不是每个人都会跟他讲道理、讲情义，犯了错后都会向他道歉，其中必然会经历不平、委屈。在这个过程中，孩子必须依靠自身的力量来调整自我、疗愈自我，继而更加清楚人性的样子。而你现在所做的，就是在帮助孩子提前体验人生的多变和复杂，让孩子一点一点地学会看清人生、看清人性，进而调整自我，以便在未来能更有力量和智慧面对自己的人生。

既然这样，那是不是说明我们对孩子有不当言行或伤害到孩子时，就真的听之任之，丝毫也不在意呢？

当然不是。在有些情况下，我们生气、焦虑、操心、发脾气，可能并非因为孩子做错了事，而是因为我们原本就有负面情绪在先，然后看到孩子的这些行为，才会认定是孩子不对。如果你某一天在单位里受到了嘉奖，或者在客户那拿了个大单，带着喜悦的心情回到家，即使看到孩子在玩手机或看电视，而没在写作业，你也不太可能马上就跟孩子发火，甚至还可能会去关注孩子表现不错的地方，如今天没吃零食、学习有哪些进步等。

这是一个典型的情绪认知理论——不是因为孩子犯错导致你生气，而是你的不良情绪促使你对孩子的行为产生了错误的认知，在这种情况下，你就需要向孩子正确地表达自己的情绪，让孩子通过这件事学会积极地面对和处理自己遇到的问题。

1. 与孩子感同身受

有一位妈妈曾跟我说，有一天她下班后回到家，看到儿子正抱着一堆零食玩手机，她便非常生气，大声训斥儿子，并且一怒之下把儿子的手机摔碎了。

后来她了解到，儿子那天考试考得不错，想犒赏一下自己，就给自己买了些零食，准备玩一会儿手机再写作业，没想到妈妈回来后看到他在玩手机、吃零食，直接就炸了，根本不听他解释。而这也让他非常愤怒，跑进自己房间关上门不理妈妈了。而妈妈了解了真相后，也意识到自己的行为的确过分了，想跟孩子解释一下。

你觉得，她该怎么做呢？

我的方法是分两步：

第一步，要说"我知道"。比如，"我知道，我刚才的情绪让你非常愤怒""我知道，我刚才的行为伤害到了你""我知道，你现在一定很生气"，等等，这样说是在向孩子承认你的错误，承认你对他的伤害。

第二步，要说"我也会"。比如，"当我看到我发脾气对你造成了伤害时，我也会觉得我的行为确实不妥"。

这两步的核心是什么？就是与孩子感同身受，这样做的目的是对我们的行为给孩子造成的安全感破坏进行修复，在此基础上，我们再去跟孩子解释，孩子才会觉得真实可信。

2. 用"与此同时"代替"但是"

在跟孩子解释时，我们一定要弄清目的，如果你是为了说教，就像一些妈妈在跟孩子解释时经常附加一句"宝贝，真对不起，我知道我刚才发脾气让你很难过，但是……"而很多事情就坏在这个"但是"上，一个"但是"就能抵消你之前所有的努力。

解释是为了有建设性地解决问题，如想让孩子放下手机、主动学习，这时你就一定要抛弃"但是"，改用"与此同时"。因为"与此同时"意味着两件事同等重要，没有孰轻孰重之分，会让孩子感觉是平等的；而"但是"本身就是一个高下相倾的状态，很容易使孩子与你对于孰轻孰重的判断产生对抗，从而忽略问题的本身。

所以，这时我们可以这样对孩子说："我知道你喜欢玩手机，玩手机也确实能让人放松和快乐，我也理解你玩手机的行为；与此同时，你现在快要期中考试了，你的学习和玩手机一样重要！"当你表达出这两件事处于同一分量的公平感时，孩子才会在心里面更愿意接受你的建议。

还有个问题要强调一下，就是很多妈妈都希望自己的孩子听话、懂事，做个好孩子。可我要告诉你，千万不要培养"好孩子"，也不要要求孩子懂事，在宫崎骏的动画电影《龙猫》中，小美的妈妈就对爸爸说："懂事的孩子更让人心疼。"因为懂事的孩子，内心其实并不是真的很认同一些人、一些事，但为了懂事，他们不得不装出懂事的样子，自己却时刻紧绷神经，强颜欢笑，压抑自己的内心，不敢说、不敢做、不敢想，生怕引起别人的不满，即使自己受了委屈，也不敢表现出真实的自己。这样的孩子，他的人生中会有很多人，却唯独没有他自己。更糟糕的是，他们还缺乏独立的能力，更别指望将来能有什么出息了。

所以，我们不要希望孩子"懂事"，去做那个千篇一律的"懂事"孩子，而是要敢于培养一个"不懂事"的孩子。即使孩子表现出一些出格行为，我们也不要责备孩子，而是要看到孩子这些行为背后的底层需求。在这个世界上，被看见就等于被爱，你看到了孩子内在的真实需求，就是在真正爱他。当然，看到孩子的需求并不等于就要满足他的需求，而是要引导他自我满足。

也就是说，我们要勇敢地让孩子学会自我选择，并对自己的选择全然地负责，让孩子能通过自己的选择和结果产生更多的胆量与智慧，学会对这个世界拥有自己的判断力。这样的孩子，未来才更有胆识，也才有可能创造奇迹。我们要培养出来的，是能够引领别人的人，而不是永远躲在父母身后，等待父母为他遮风挡雨的人。就像在美国琳达·克兰兹的绘本故事《勇敢做自己》中，小鱼丹妮的妈妈对它说的那样："生命是一个漫长的旅途，丹妮，你要勇敢做自己。"现实中，我们也要让孩子做个与众不同的自己，就如同王菲写给孩子的那句歌词："你不能去学坏，你可以不太乖。"

内心自由的孩子更有安全感

著名社会学家潘光旦先生曾经说过，"最好的教育就是给人以自由"。很多妈妈对自由往往会存在一个很大的误解，认为给孩子自由就是对孩子的放任和放纵，孩子也会因此变得没规矩、无节制，生活和学习都会一团糟。

我要告诉你的是，给孩子自由并不是让孩子放任自流，想做什么就做什么，而是允许孩子思考自己行为的原因，思考可能出现的各种问题和后果，并且相信孩子可以对自我产生清醒的认识，并做出最适合他的选择。所以，真正给孩子自由，是在思想上让孩子自由，而在行动上对孩子有所规范。

有的妈妈跟我说："小渔老师，我就想让我儿子听话点，让我少操点儿心，你就告诉我，怎么才能让孩子听话？为什么我越管他，他越不听话？他难道不知道我都是为他好吗？"

每次被问到类似的问题，我都会反问她们："你生下孩子的目的是什么？就是想让他听话、少让你操点儿心吗？"这时她们又会说："那倒不是，我肯定希望他优秀、希望他永远都开心呀！"

你看，这就太"双标"了！你又想让孩子听话，又想让他优秀、永远开心，那你认为孩子事事都听你的，没有独立的自我，没有自由的思想，他会优秀、会永远开心吗？

在我接触过的很多孩子中，我发现，如果孩子的父母给他太多限制，帮他做太多选择的话，这个孩子就会对父母产生极大的依赖，丧失自我选择的能力，并且缺乏安全感。因为他自己不敢做选择，没有独自面对社会的勇气，害怕自己会选错、会失败，会被父母指责。

人生中很多事通常都是互为因果的，一个人之所以优秀，过得开心，往往是因为他的内心是自由和充满安全感的，他拥有自己人生的选择权，可以听自己的话，长出属于自己的翅膀，可以享受自己生命中不同的风景，并且可以自己决定何时、在哪里停下来。这样的孩子，才能在各种生活体验中充分发挥自己的潜能，清楚地知道自己想要做什么、能够做成什么。

既然如此，那我们该怎样给孩子自由，让孩子既能获得自我成长的勇气、获得安全感，又不会放纵自己呢？

1. 让孩子清楚自由与放纵的区别

我以前在讲亲子课时，就有妈妈对我说："小渔老师，我家孩子说自己现在太不自由了，他只想玩，不想学习，觉得这才是真正的自由。"或者是"我一让我儿子学习、上辅导课，他就说我剥夺他的自由。"

遇到这种情况，我们该怎么办呢？

很简单，你只要教孩子明白什么是真正的自由就好了，你可以这样告诉孩子："宝贝，只想玩那是放纵，不是自由，自由和放纵是有区别的。比如，你喜欢吃零食就一直吃，你喜欢玩游戏就一直玩，这就是放纵，而不是真正的自由。真正的自由是一种灵活度，比如，司马迁即使被关在牢狱中，也能坚持写完《史记》，这是因为他的内心拥有一种无法被环境剥夺的自信、从容和自由，以及他对自己梦想的执着。"这样，你就可以帮助孩子从潜意识中区分开自由与放纵的不同，从而引导孩子做出自己的判断。

2. 让孩子懂得自由的"两个标准"

我在讲课时曾经说过，自由有"两个标准"，一个是诚实地去选择，另一个是选择之后可以心安理得。只有做到这两点的人，才算拥有真正的自由。

不管是成年人还是孩子，在做选择时往往都是两难的，要选择一个，就必须舍弃其他。比如，孩子想打游戏，可你想让他学习，这时怎么办？当孩子面临两难时，你要让孩子自己选择。当然，在选择前，你要与孩子说清其中的利弊，对他进行引导，而不是恐吓或威胁，比如，你这样对孩子说："你可以选择打游戏，打游戏确实让人感觉轻松、愉快，只是你的作业可能就会无法按时完成；你也可以选择先写作业，然后再打游戏，这样就不用担心作业写不完了。你自己选择吧，妈妈相信你。"

当你用一种平等、信任的态度与孩子沟通，并把利弊分析给孩子听时，孩子才会做出对的选择。你也可以让孩子体会一下自己做出某个选择后是否能够心安理得，比如，孩子打完游戏后，你让他回顾一下当时的感觉，看他是不是真的心安理得，我敢肯定，大部分孩子打完游戏后，即使是网瘾少年，最后的感觉也会是一份空虚，因为他们会发现自己是被当时的欲望所控制了。但由于是他自己选择的，他也会更加牢记这种感受，下一次才知道怎样调整自己的选择。

作为妈妈，我们都有同样一个目的，就是不管在现在还是将来，孩子都能做到白天活得淋漓尽致，晚上可以安然入眠，这就足够了。当然，你不但要跟孩子讲出这种感觉，还要让他在成长中自己体会这种美好的感觉。比如，你的孩子学习了舞蹈，刚开始练习时肯定会各种不舒服，然而当她能在舞台上表演，你为她录上一小段视频，告诉她她的表现有多精彩，告诉她这是她的努力被世界所看到的感觉时，孩子的内心一定会被深深触动。因为在很多时候，孩子都是通过他人的评价才建立起自我价值感的，而这种价值感也会让孩子慢慢拥有自我肯定的能力和内心力量。

著名教育家蒙特利梭曾说："人类所有的行为都是精神的外延。在孩子获得充分的信任和自我选择的自由后，他们就会知道自己真正需要的是什么，也就拥有了稳定的自我精神内核，不会轻易被外界那些杂乱的事物所诱惑。"正因为有内心的坚守，孩子才会对未来更有信心和安全感，以及获得更多的为自己而活的快乐。

所以，从现在起，我建议你适当放松对孩子的各种控制，更不要要求孩子事事都听你的话，而是接受孩子的成长和独立，相信孩子在一些事情上可以做出明智的选择。当你用信任的眼光与孩子相处时，孩子才会感受到你的尊重，你也才能与孩子建立起和谐的亲子关系。

怎样对孩子提建议更有效

孩子在成长过程中，总会遇到各种各样的问题，当孩子做错了事情，或者陷入某种困境时，我们该怎么给孩子提建议才有效呢？

在与一些家长沟通过程中，就有人向我咨询过类似的问题，比如，有的人跟我说："小渔老师，孩子跟同学处不好关系，我跟他讲道理、提建议，他都听不下去，还说我不懂，不要管他的事。"还有的人问："小渔老师，我女儿做事太拖拉、磨蹭了，我很耐心地告诉她这样很误事，可她每次都是左耳进右耳出，根本不当回事，这怎么办呀？"

我想告诉你的是，有时跟孩子沟通的方法，与跟老公沟通的方法有很多相同之处。我们有时跟老公沟通达不到效果时，换成表扬老公，也有可能事与愿违，老公不但感觉很别扭、不适应，甚至还会觉得你虚伪，不是真心的，为什么会这样呢？

其实不管是给孩子提建议，还是跟老公沟通，首先你要知道他们属于哪种个性类型。

有一次，我们训练营的一位学员跟我聊天时，就说起了她跟老公之间的沟通方式。她告诉我，她老公经常下班回家跟她唠叨抱怨："哎呀，今天的项目谈下来太难了！""搞这个项目真是全指望我，其他人根本不专业，可把我累得够呛！""最近的工作压力太大了，你根本理解不了！"……总之，就是经常唉声叹气。

她觉得自己应该多鼓励老公，给老公加加油，于是就跟老公说："老公你真的很棒！""老公你工作太认真了，我得多向你学习！"但她发现，老公根本不在意她说的话，甚至还表现出一副嗤之以鼻的样子。

她就很不解，问我："小渔老师，你说这男人天天都想什么呢呀，怎么好赖不知呢？"

　　我听完后，就告诉她，其实你老公不是不知好赖，而是你没说到他的心上。

　　你可能不知道，那些喜欢抱怨别人、抱怨自己的人，做事经常会感到力不从心，所以也时常感觉焦虑、辛苦，那这样的人，内心期许的是什么呢？是他人的赏识，但这种赏识并不是所谓的"你很棒""你很厉害""你很认真"等，而是要看他具体在抱怨什么，他抱怨什么，就表明他越期待什么，而他所期待的，才是需要他人去认同和肯定的。

　　针对上面的案例，这位女士的老公期待的其实是妻子对他能力的肯定与赏识，如果妻子这样说："这么有难度的项目，你竟然能坚持下来，真的比别人有耐力！""能把这么难的项目'啃'下来，说明你没有白白付出，你的努力真的很值得！"那她老公就会感觉很受用，也会觉得妻子很懂他，是真的在赏识他。

　　所以，要与一个人有效沟通，必须先弄清楚对方真正期许的是什么，对于孩子同样如此。你要给孩子提建议，让孩子接受建议，就要先了解孩子内心真正需求的是什么。

　　既然如此，那我们在跟孩子提建议时，又该怎么做呢？我给你们的建议是分三步：

1. 识别孩子抱怨或炫耀的部分

虽然不是每个孩子都会抱怨，但有些孩子确实比较喜欢抱怨，如放学回到家后跟妈妈说："我们班的××真厉害，平时看不到他学习，一考试就进前三名。唉，我要是像他那么厉害就好了！"这时大部分妈妈的回答可能是"你肯定不如人家努力呀""人家可能回到家偷偷学习了，哪像你，回来就知道玩""想像人家那么优秀，就要比人家努力才行，别天天老想着玩"等，站在孩子的角度，如果你听到这样的回答，会喜欢听吗？其实此刻他期待的是你的认同和鼓励呀！

还有些孩子会向妈妈炫耀，如"妈妈你看，这个我都没怎么学，就拿了个100分，怎么样，我是不是很厉害？""我觉得我跳舞比××强，她跳得很一般的！"也就是说，孩子很喜欢炫耀自己的才华、长处，如喜欢创新、喜欢探索等。这时，他们期待的是妈妈对他们能力、实力、特长的认可，如果你夸他"努力""认真"，就不对路子了。

可见，孩子越缺少什么，就越需要你去肯定他什么，越期待什么，就越会炫耀什么。你识别了孩子真正的需求后，才有可能给出他所期待的正向反馈。

2. 给予孩子需求的正向反馈

正向反馈，就是给予孩子所期待的反馈，比如，孩子抱怨自己不如其他同学聪明，考试不如同学时，你就可以这样回答："其实你也很努力，也有自己的优点。""每个人都有自己长处，你也有他们不具备的优点，比如……"这样的话，就是对孩子其他能力的肯定和认可，才真正满足了孩子内心的期待。

而当孩子炫耀自己的创造力、特长等，你就这样对他说："你总是有自己独到的见解。""你对事物总是有自己的判断力。""这一点真的是你的天赋。""你真的很有实力。"这是在肯定他的能力、人格特点、智慧、创意，也是符合孩子的期待的。

如上回答，你满足了孩子内心的期待和需求后，孩子感觉你懂他、理解他、接纳他了，他才会愿意听你后面的话，如建议、指导等。否则，你说多少都是无效的。

3. 帮助孩子找到他认知上的"盲点"

什么是"盲点"呢？

举个例子来说，假如孩子在学校里跟老师发生了冲突，可能老师当着很多同学的面批评了孩子，让孩子感觉很没面子，或者老师说了伤害孩子自尊心的话，孩子很愤怒，尤其是进入青春期后的孩子，自我意识增强，有了很多自己的想法，被老师批评后就更难以接受。这时，他们回家后可能就会跟你发一通牢骚，希望你为他做主，但有些妈妈往往会这样接孩子的话茬："肯定是你惹祸了，不然老师怎么不批评别人？""明明是你的错，老师这也都是为你好！"结果，不但没有安抚好孩子，反而还激起了他更严重的不满，接下来就更别指望他能听进你的建议了。

如果我们换个角度对孩子说："宝贝，妈妈像你这么大时，有时也会被老师说，也像你一样生气，觉得'为什么要这么针对我呢？怎么就看我这么不顺眼呢？哪怕私下跟我说这个问题也行呀，当着那么多同学，让我多没面子呀'……"

这时，孩子就从你这里找到了认同感，就像找到了同一阵营的"战友"一样，接下来，你再引导他换个角度思考："老师以前有没有这样批评过别人，还是就只针对你？""老师批评你，难道只因为你这次犯错吗？""老师以前有没有表扬过你呢？"

这就是孩子认知上的一个"盲点"。他之所以对老师不满，就是因为他一直站在自己的角度思考，而现在你帮他切换了另一个角度，让他能够站在一个更全面的角度看问题，孩子的思路就会被打开，对老师的评价也会变得全面，而不再局限于他自己的视角下。到这时，你再给他提一些恰当的建议，孩子也就容易接受了，如："这么一想，老师其实也是希望你更好，而你没有理解他，还大声地反驳他，他一定很伤心。你看，明天上学后是不是去主动给老师道个歉呢？""老师以前经常表扬你，这次批评你，可能觉得你这次没有很好地发挥出水平，你看，明天要不要跟老师解释一下？"

如果你平时能这样与孩子沟通，我相信就算孩子嘴上不说什么，心里也会很佩服你的，以后再遇到什么事也会愿意跟你商量，因为你不但不与他正面冲突，不会否定他、指责他，反而还能给予他认同、理解和欣赏，他怎么能不对你心服口服呢？

事业打拼期：

连接社会，家庭幸福与事业成功从不相悖

　　每个人都希望能将自己的人生价值最大化，女性也不例外，所以越来越多的女性走上职场，成了职场上的"铁娘子"。但是，女性在打拼事业的同时，又不得不面对来自家庭的困扰。我不主张女性把事业放在第一位，而为此忽略了家庭和孩子，但我仍然坚持女性要走出家庭，拥有一份属于自己的事业，因为不管是身在职场，还是自己创业，都是在彰显和提升你的个人价值。只有你的个人价值提升了，你才会赢得家人的尊重和家庭的幸福。家庭幸福与事业成功从不相悖，而是息息相关的。

你是妻子，是妈妈，更是自己

前两年有一部很著名的美剧，叫《致命女人》，讲的是三对生活在不同年代的夫妻的婚姻生活。其中，三位女主人公都遭遇了老公出轨的情况，而故事的主线就是妻子如何在一段走向破裂的关系中重新认知自我。

虽然这只是一部电视剧，但放在现实社会中，我认为它仍然具有影射意义。我相信很多人都发现了，现在不少夫妻之间出现矛盾，都源于一个共同原因，就是女性的职业发展。越来越多的女性想要走出家庭，走向职场，可在家庭与事业之间冲突不断时，一些女性便不得不放弃事业，回归家庭，做一个全职主妇，以为这样就能减少夫妻之间的矛盾。结果却发现，自己与老公、家人的关系不但没有因此改善，反而遭到了"嫌弃"。

在我的地面课和训练营当中，女性朋友数量居多，其中就有不少全职妈妈，她们也会跟我反映一些家庭问题，如有的抱怨说，自己每天在家忙里忙外，照顾孩子，伺候老公，结果想跟老公倾诉自己的苦处时，老公却说："你又不用上班，在家这么舒坦，还有什么可委屈的？"还有的说，连孩子都认为自己不上班是在家"享福"，爸爸每天上班，才是最辛苦的人。

这些妈妈很不理解："难道我们照顾老公、照顾孩子，努力做个好妻子、好妈妈，真的就一点价值都没有吗？"

虽然现在男性和女性的社会地位已经越来越趋于平等，但不可否认的是，女性一旦回归家庭，就会唯老公和孩子"马首是瞻"，一切生活的重心变得只有老公和孩子，自己则完全沦为老公和孩子的附属品。

对于这类女性的生活方式，我是极力反对的。这不是反对传统，也不是对女性为家庭付出视而不见，而是相对于完全为他人付出或依附于他人的生活方式，我更希望女性能保持自己的独立。别忘了，你是妻子，是妈妈，但更是自己，你首先要让自己成为一个独立的女人，其次才是妻子和妈妈。

我很欣赏一些西方女性，她们真的都非常独立，而且很有自己的个性特点，追求生活上的男女平等。我有一位亲属嫁到了澳洲，她与她老公的关系就很有趣，平时两个人都上班，孩子上学，下班之后在做家务方面及平时在孩子的教育方面等，都有比较明确的分工。

当然，我们不一定要与老公在做家务、教育孩子等问题上分得那么清晰、细致，但首先要在心理上让自己独立起来，不要把自己当成任何人的附属品，即使你是一位全职妈妈，也要挺直腰杆，让老公和孩子看到你为家庭付出的努力和做出的贡献，这样老公才不会轻视你，孩子也会因此而更加尊重你。

所以，当一些女性朋友跟我抱怨老公和孩子轻视自己时，我都会建议她们从以下几个方面努力改进自己：

1. 别把老公当成唯一的知己

很多女性一旦回归家庭，就会切断与外界的大部分联系，每天只围着老公孩子生活，把老公当成唯一的知己，把孩子当成唯一的精神寄托。结果呢？老公和孩子都嫌你唠叨。

实际上，男人的生理、心理乃至精神思维等各方面与女人都是不同的。女人觉得说"我爱你""我需要你""我想跟你倾诉"是在表达自己对男人的爱和重视，而男人不同，他也不会因为你爱他、为他付出、对他倾诉就会爱你，而且一旦你向他表达太多，你们之间没有了秘密，他对你的兴趣就会越来越少。

我就经常劝说我的那些女学员和咨询者，不要动不动就把自己的老公当成知己，跟老公去倾诉心情。你想倾诉，去找你的同性朋友、闺蜜，实在不行去找心理医生。如果非要跟老公倾诉，也只说一半，除非他追着问，非要你说个清楚时，你再说，否则，点到为止即可，这样男人才会一直对你保持好奇，不会对你产生厌倦。

2. 别把婚姻当成拯救自己的工具

在传统观念中，女人最重要的事情就是结婚生子，有些女性若到了一定年龄还没对象或没结婚，就可能会被家人朋友催婚，因为在他们眼里，结婚生子对女人来说才是最重要的。还有观点认为，经营婚姻和家庭都是女人的事情，男人只需要负责在外面打拼，赚钱养家，所以一旦婚姻出现变故，责任就都赖在女人身上。

在这些观念的影响下，女人总是小心翼翼地维护着自己的婚姻。即使有自己的事业，一旦婚姻出现问题，也会有人跟你说，"家庭才是最重要的，要事业有什么用？"。而为了维护婚姻，你可能又会忍痛放弃自己的事业。

我要告诉你，如果这样做了，那你其实是在自断后路。当婚姻出现问题时，你要解决的其实是婚姻问题，而不是事业的问题。婚姻不是拯救你的工具，你失去自己讨好婚姻的下场，只会让对方越来越无视你的付出。而且婚姻是"合伙开公司"，是两个人的责任，你单方面的牺牲并不能解决问题，到最后换来的可能是"你连班都不上，怎么连家也管不好？连个男人也看不住？"。

2019年时有一档综艺节目叫《妻子的浪漫旅行》，其中包贝尔的妻子包文婧就很令人心疼。当接到节目邀约时，她竟然哭了，说自己终于能出去旅行了，因为她结婚后就再也没有跟朋友出去旅行过。

那么她的生活是怎样的呢？

每天围着老公、孩子转，每天在家打扫卫生、整理房间、照顾老公和孩子的饮食起居。她特别怕别人说她不挣钱，还连家里都收拾不好。

我记得一位名叫玛丽莲·弗伦奇的哈佛女博士在《醒来的女性》中曾说过这样一句话："要废掉一个女人，你根本不用性侵或杀了她，甚至不用打她，只需要把她娶回家。"

多少女性在成为妻子、成为妈妈后，就这样牺牲了自己，结果不但没有赢得家人的认可，还让自己的人生丧失了价值。

所以，我希望女性朋友们一定不要把自己所有的期望都寄托在家庭上，希望自己可以成为一个十项全能的妻子、妈妈，甚至把周围人的目光当成自己人生的标尺，渴望得到家庭和家人的认可和理解。当你真的走到这一步时，你就已经不再是你自己了。

只有当你跟老公成为并肩作战的"战友"，他有满身武艺，你也不乏精良装备，共同打怪升级，克服婚姻中的鸡零狗碎，你们才能共享婚姻的幸福。就像女作家金韵蓉在《先斟满自己的杯子》一书中所写的那样："不要等待别人来斟满自己的杯子，也不要一味地无私奉献，如果我们能先将自己面前的杯子斟满，心满意足地幸福快乐了，才能溢出幸福给别人，才能快乐地接受别人的给予。"

在职场中尽情绽放你的"缺点"

在恋爱时，很多女人都把爱情当成"唯一"，容易听信男人说的"你不用工作，将来我养你"这种有毒的情话。结婚后，也有许多女性真的放弃了自我成长和汲取精神食粮的机会，选择回归家庭，做起了贤妻良母。但最后很多人发现，曾经口口声声说要养她的男人，不但没养好她，反而还说起了最刻薄的话，如"你什么都不懂，什么也帮不到我，一点用也没有""你天天待在家里，也不挣钱，还这么多事儿"，等等。由于精神上的差距和交际圈子的差异，这类女性与伴侣的距离越来越远，曾经信誓旦旦表示要养她们的男人也开始嫌她们花钱大手大脚，不懂节制，最后甚至落得个分道扬镳的结局。

幸运的是，很多女性已经越来越清晰地意识到工作对自己的重要性，即使在结婚生子之后，也会尽可能地回归职场，重新找回自己的价值。

职场就是一个小社会，各种各样的事情都会发生，其中有一种现象就十分有趣，就是有些人自己在工作中没有太大突破，却喜欢处处挑剔别人，不管对方怎么努力，他都觉得对方做得不好、对对方不满意，可他又不直接指出到底哪里有问题，只是说"你看看别人怎么做的""别人怎么不像你这样"等，一副高深莫测的样子，让对方也搞不清自己到底比别人差在了哪里。如果你的直属上司是这样的态度，那你一定很难熬。

那这是怎么回事呢？为什么他要这样对你呢？

我要告诉你的是，这是因为你做事太实在、太真实，让他看不惯了。

可真实有错吗？

真实没错。一个人只有在职场中真实地展现自己，才能让优点更好地发挥，更重要的是，还可以让你的"缺点"有得以绽放的机会。当然，我这里所说的"缺点"并不是指那些违背道德、伦理和法律的缺点，那不是缺点，是犯错和犯罪，我所说的"缺点"指的是你自身的特点、你的个人特质，你要成为你自己，发自本心地面对自己的工作，而不是去当"别人"，因为"别人"已经有人当了。那些在职场中循规蹈矩、"经验丰富"、对领导言听计从的人，就是"别人"，他们所做的事也是大多数人都在做的事，他们活成了大多数人的样子，却唯独没有活成自己。

所以，不管你是初次迈入职场，还是结婚生子后重返职场，都要问自己一个问题："我在工作中所做的一切，都能让我自己心安吗？"如果一项工作你越做越难受，越来越感觉不对劲，那么就不要再继续了，因为它是不会让你有所突破的，最多只能让你不马上失业而已。

如果你想在职场上有所突破、有所超越，就一定要坚持做让自己的本心能够接纳的事情，哪怕有人批评你、诋毁你，说你怎么这么傻、这么笨、这么不懂变通，你也不必理会，你只要坚持去做他们眼中"傻、笨、不懂变通"的人，无条件地绽放自己的这些"缺点"就好，而这些"缺点"也一定会帮你赢到最后，让你活成自己所期待的样子。

那么，在这个过程中，我们还需要注意哪些问题呢？

1. 你的工作一定要匹配你的能力

俗话说，"没有金刚钻，不揽瓷器活"。如果你自己能力有限，就不要去接手超越能力的工作，否则只会自讨苦吃。

同样，如果是跟别人合伙做生意，若你的合伙人各方面能力都远远高于你，那么他也不是你的最佳合伙人，最后的结果要么是你为他打工，要么是他领导你，根本谈不上合伙关系，你也无法在其中发挥出自己的能力。

2. 要对自己的工作保持忠心

不管是在公司中，还是与他人合伙做生意，你都要保持忠心，这也是对工作应有的最基本的敬畏心。如果不能忠于自己的工作，你就不可能全力以赴，也就不可能会做出成绩。

同时，忠心也意味着责任感，意味着你会对自己的工作负责、对自己的客户负责，而你的这份承担也会让你的生命更有分量、更有价值。我经常跟我的学员朋友说，我特别感恩她们，因为想要帮助她们，想对她们更负责，我才有了今天的成就。如果我像一些"老江湖"一样，用各种东拼西凑或者迎合大家心情的东西来糊弄大家，只为了捞钱，那我觉得简直就是对我这份职业的亵渎，我也不可能做得长久。

3. 你的工作要能匹配你想要的价值

不管选择哪一行，或者选择做什么工作，如果它能为你提供的价值有限，无法满足你的需求，这个价值既包括物质价值，也包括精神价值，那么你都会感觉不甘心，也会心生怨怼，无论你如何努力，最后也无法让自己满意。

这里还有一个排序的问题，就是很多人习惯把价值放在第一位，即工作要实现自己的价值，然后将能力放在次要位置，认为能力是可以培养的，最后才是忠心。可我要告诉你的是，这样的排序是不对的，你首先应该找到与自己能力相匹配的工作，并对工作保持忠心，然后这份工作才有可能为你提供需要的价值；如果能力不匹配，或者你对工作缺乏忠诚度和责任心，那你就不可能从中获得价值。即使获得了，也一定是短暂的。

总之，职场并不仅仅是我们谋生的一个场所，而应该是一个能让我们真正回归生命本源的场所。所以，我们在职场中要始终保持一份初心，这样才能超越世俗的屏障，尽情地发挥自己的特点、优势，活得真实、阳光、笃定、有能量，从而绽放出最精彩的、最与众不同的自己。

化解你在职场中的负面情绪

在我们的职场地面课中，经常有学员跟我反映，说自己在工作中干得很不愉快、很不爽，要么是跟同事处不好关系，要么是明明干得不错，却总也得不到提拔。这些情况，就容易导致我们在工作中出现不良情绪。

对这些情况我是很了解的，也颇有感触，尤其是在一些体制比较固定的企业，内在的资源匹配相对固定，有时人际关系真的如同一潭死水，这时我们就不得不面对各种穿小鞋、使绊子、唱反调的现象，工作自然也很难顺心，更别说要让你的业绩被人看见、被人承认了。

当然，职场是一个小社会，即便是体制灵活的单位，也会有比较复杂的人际关系，遇到困境也很常见。那面对这些境况，我的建议是先拿出一张纸、一支笔，然后认真梳理一下，看看你所在的职场中有哪些人、哪些事引发了你的负面情绪，他们之间是否存在某些共同点，比如，张三嫉妒你，在上司那里打你的小报告；李四也嫉妒你，拉拢同事针对你；王五曾经被你指出过错误，暗中报复你……你要把这些人、这些经历都理顺了，在大脑中过一遍，或者写下来。这样做并不是让你去痛恨他们，而是要帮你找到解决问题的方法，继而让自己与这些人、这些事和解，从而化解他们带给你的负面情绪。

那么接下来，我就带大家分析一下，为什么我们在职场中容易出现负面情绪，或者说，职场中的各种关系为什么会给你带来不好的情绪。

一方面，你在职场中被人针对，甚至被人欺负、被人陷害，其实都不是对方直接造成的，而是源于你对对方的纵容。

在工作中，我们经常会与别人在某些观点、需求上产生冲突，这时你可能出于种种考虑，如关系、情面等，就放弃了自己的观点和需求，服从于对方。一次两次可以，时间久了，次数多了，对方就会觉得你好欺负，缺乏边界和底线，继而变本加厉，没完没了地挤对你、侵犯你。

我在讲地面课时，就有学员跟我说："小渔老师，我觉得自己真的是一个很大度、很忍让的人。每天上班时，我都把办公室打扫干净，有时同事有急事，着急下班，我就帮他们把剩下的工作完成……可我发现，同事竟然把我当傻子。有一次我听他们在背后嘀咕，说以后有什么麻烦推给我就好了，反正我好说话，我真的特别生气！"

我就跟她说，你这不是大度，是无底线的纵容，别人也不会因为你的退让、主动帮忙就感激你，反而会觉得你好欺负，觉得你傻。

这种纵容就像滚雪球一样，越滚越大，别人对你提出的要求也会越来越过分，但是，你不可能一直都是情愿的，但你又不敢或不想拒绝对方，最后就只能把这种不情愿压抑在自己的心里，伤害自己。

另一方面，职场中的负面情绪还源于在与别人交往过程中，你无法通过其他更有价值感的事物来分担自己的痛苦。比如，你没有自己的特点、优势或特长，也不能坚持自我，做事常常人云亦云，那么你在领导、同事的眼中存在感就低，价值感也低，你没办法坚持自己，内在情绪就会压抑在心中，无法通过合适的途径疏解出来。

找到这些基本原因后，我们就要想办法解决问题，化解掉这些负面情绪。我结合个人经验，为你提供的建议是：

1. 勇敢地表达自己的需求

可能有小伙伴说："我当着领导的面不好表达呀！""领导会不会觉得我太爱出风头，或者太不合群呀？"

我要告诉你的是，领导并不是不喜欢爱出风头、不合群的人，也不是只喜欢事事都顺着他、不给他惹麻烦的人，这完全是你自己认为的。你之所以会这样认为，一般是因为在你小时候，父母总要求你做个听话、懂事的乖孩子，导致你长大后，不管是在婚姻中，还是在职场上，都会压抑自己的需求。

事实上，所谓的"懂事、听话、乖"都只是为了满足父母的最佳利益，并不是你自己的，你只是不想违抗他们，或者担心被他们责骂，才不敢表达自己，才选择压抑自己，而这样做又会让你的内心产生更大的恐惧，受到更大的伤害，使得你在工作和生活中都难以做到投入、用心。

与其如此，倒不如学着做回自己，勇敢地表达自己的需求，比如，当同事又让你帮忙，而你心里不情愿时，就直接告诉对方："不好意思，我今天有点累，想早点回家休息，帮不了你了。"或者当领导让你做不是你分内之事时，你也可以告诉他："领导对不起，这个我不擅长，也不算我分内之事，我恐怕不能胜任，要不您再问问别人？"

慢慢地，大家就知道你的边界、底线在哪里了，也会学着用你能接受的方式与你沟通。更重要的是，当大家知道你的边界后，你偶尔"懂事"一次，反而会让人对你产生感恩之心："哇，这人真好呀，竟然帮我忙了！"

只有顺应自己的本心做事，你的身心才能保持平衡，你才能在职场中活出自己的样子，而不让情绪和心态受别人左右。

2. 把自己的天赋、才华发挥出来

没有个性特质的人在职场上是很难有存在感的，只有表现出独一无二的特点或才华并在职场中发挥出来，产生价值，而你自己也能享受其中，才是最好的职业状态。

当然，要一下子做到这一点可能不太容易，我建议你先寻找周围相对有安全感的人开始尝试，告诉他们"我不想做这件事，我想做更能体现我长处的事"或"我希望能做点自己喜欢的事"。当你可以跟身边亲密的人顺利表达之后，再慢慢把这种做法延伸到职场中。

3. 学会与"内在父母"对话

什么是"内在父母"？就是我们心中的另一个"我"。当我们受到伤害，非常希望能有人接纳我们、爱我们时，就可以向内在的"我"

倾诉："亲爱的爸爸，亲爱的妈妈，我很难过，我在工作上遇到了困难，我的同事在背后算计我……我感觉很不舒服，内心压抑，我该怎么办？"

这时，你心中的另一个"我"就会安慰你，如"你要好好爱自己、做你自己""每天留出一点时间给自己，让自己学着放松""在工作中找到能实现自己价值的渠道"，等等。通过这样的方式与自己对话，慢慢接纳当下的状态，你就能慢慢疗愈自己，学会更好地适应职场生活。

内在的平衡胜于一切成功

在我讲职业课的过程中，一些创业的女性朋友跟我反映，说自己在创业过程中，因为心理压力大，身体疲累，导致身体出现许多健康问题，如内分泌紊乱、甲状腺疾病等，也去医院开药调理了，可一段时间后又犯了。

我对这种情况还是很了解的，因为我自己也曾经经历过，现在我再回过头看原来那些经历，渐渐明白了问题到底出在哪里。实际上，身体的许多疾病都与心理、性格、经历等有很大的关系。我通过做大量的个案发现，一些特别爱逞强、控制欲强的人，更容易出现内分泌问题，为什么呢？因为这类人总是去做那些超过自己能力范围的事，不肯认输，爱跟别人比较，但是又心有余而力不足，这就容易导致她们的内在秩序出现混乱，继而引发内分泌紊乱。

　　我曾经遇到过一个咨询者，她在一家公司负责财务工作，按理说是不需要经常出差的，但她的老板经常给她安排出差的工作，而这些工作有不少都应该是老板自己去干的，有时老板不想出去，就安排让她去。她这个人又不愿意拒绝别人，更别说是自己的老板了，所以每次都只能硬着头皮去出差。

　　在出差期间，她肯定会有一些不太容易搞定的事，这就导致她经常处于一种焦虑、无助的状态。久而久之，她就出现了内分泌紊乱，后来找我时，她已经治疗了一段时间，但时常反复，无法彻底治愈。

这其中就包含着一个非常重要的原因，即缺乏自己内在的秩序，缺乏自己的原则和底线。就如同你拿到一个剧本，剧本是有一条主线的，你要按照主线来演，可实际上你却总被别人牵着来回走，总是偏离主线，结果就是自己的内在陷入混乱状态。你总想得到他人的认可，那就只能委屈自己，使自己的精神始终处于紧张、焦虑、压抑的状态。长期的内在系统不顺畅，身体内的各个系统出现紊乱就是必然的事，有些人还会因此而患上甲状腺疾病。

所以我经常说，不管是在职场上，还是在家庭中，女人都要学会调整自己，不要让自己一直活在别人的标准和要求当中，完全失去自我，尤其要在以下两方面多加注意：

1. 对自己有清晰的认知

有的学员在跟我聊天时，就会问我："小渔老师，你以后打算走一种什么样的商业模式？"甚至还有不少学员想要拉我"下水"，邀请我和他们一起合作创业，给出的条件还特别优越。

但是，我内心特别清楚自己需要什么、未来要做什么，我有自己非常清晰的原则和底线，所以我也一直坚持自己的步伐，在自己能驾驭、能掌控的范围内做事。如果我被别人牵着走，可能会走得很快，但也必然会遭遇一些我掌控不了的事，这时我就会不可避免地陷入不良情绪之中，甚至导致身体疾病。

我想告诉你的是，对于自己有多大的实力，能做什么，是否还有提升的余地和空间，你自己一定要很清楚才行。我们要努力变得自信，但自信也有一个大前提，就是有清晰的自我认知。既然知道自己不能吃三碗饭，就不要逞强与人打赌；既然明白自己的上下限，就不要刻意讨好他人，给自己设立过高的标准去寻求他人的认可，自己能做得来的事就做，做不来的也不要勉强。我们真正要做的，是让自己活在满足的状态下，不要被别人的期待所绑架，要遵从你本心的愿望、梦想、追求，这些才是真正属于你自己的。

2. 接纳自己在某件事上的缺憾

身体之所以出现某些紊乱，往往是因为我们的内在秩序出现了紊乱，而内在秩序紊乱通常又与我们追求完美、追求极致、追求成功的一些行为有关。

之前就有学员跟我说："小渔老师，我就想在事业上超过我老公，我觉得自己一点也不比他差，可他却经常打击我，我就想证明给他看！"我是很不认同这种想法和做法的，没错，也许你通过自己的努力，在事业上确实超过了老公，向老公证明了你的能力，但你换来的是什么呢？是自己的身体出现问题，可能还是老公的挫败感和价值观的丧失，这些都是你想要的吗？

> 我在录节目时，有时工作人员剪完片子后会跟我沟通，说："小渔老师你看，这个脸的部分好像拍得不是很好看。""小渔老师，这段文字似乎没有特别体现出你的个人特点，要不我们重新录一下吧。"
>
> 拍摄嘛，这些情况时常都会出现，包括我在接受采访

时，可能会被问到很尖锐的问题。面对这些情况，我一般会怎么处理呢？

我会遵从内心的想法来选择接纳或拒绝，只要我感觉内心舒适，那么我就会接纳这些问题，即使可能会让采访、让片子等显得不那么完美，会显得有一些遗憾，但只要我的内心能接纳，我就认为它是完美的了。

其实，很多事都不需要我们做得多么完美，也不需要我们怎样去证明给别人看，重点是这件事能否让你的内心感觉真正地舒适，能否为你带来更多的快乐和享受，哪怕它可能存在遗憾，但只要这种遗憾是你能接受的，那这件事本身就已经达到了完美。

相反，如果你事事都想满足别人的期待，想向别人证明自己，那么你的身体和精神就会始终处于备战和应激状态，这种状态也很容易导致身体的肾上腺素分泌过多，继而引发身心疾病。就像一根皮筋一样，你长时间让它绷得紧紧的，它能不断吗？

所以，到底什么才是事业有成呢？它真的不是指你在事业上有多大的建树，或者你为家庭赚了多少钱回来。前文讲过，女人在婚姻中的筹码是什么？最大的筹码就是健康的身体，其次是强大的心理，而身心的健康都离不开你内在的平衡，不去试图控制意识和能力之外的事物，尽己所能，但又能坦然接受遗憾，这才是对自己最大的恩赐。

让财富持续稳定的"三大原则"

对于任何人来说，财富都是关乎幸福的一项重要因素。而对于女性来说，不管是在公司上班，还是自主创业，能维持稳定的进账都很重要。

说到这，有的朋友可能会说："我的进账还可以呀，有时一次能进来一大笔钱呢！"但是，你如何让这种模式持续下去呢？或者说，你如何让自己的收入保持稳定呢？

大多数中国人都是比较追求稳定的，比如，有些人在找工作时，哪怕这份工作不是自己喜欢的，但因为它稳定，所以也会考虑或直接接受。我的学员里就有不少这样的人，为了求稳定，大学毕业后回到家乡，找了一份编制内的工作，不管这份工作是不是枯燥、是不是跟自己的专业有关，总之安稳就行，目的就是为了求得一份安全感。

那么，这真的是一种稳定吗？或者说，这真的能一直带给我们安全感吗？

我认为不是的，因为这个世界本来就是变化无常的，真正的稳定应该是一种能与无常为伍的能力，而不是说有一份"铁饭碗"的工作就能保一世安稳了。

我在讲课中曾讲过这样一句话："人生什么时候才开始转运呢？就是当你进入人生低谷时，依然能善意地解读别人的行为，善意地理解某些事情的发生，这时才算是你真正开始转运的时候。"所以说一个人稳定，不是说他一生中不再发生变动，也不是说他的健康、财富一直都好，而是说不论遇到什么样的境况，他都能用积极的思维和态度去看待身边的人和事，哪怕时代变迁、世事变幻，都能保持这种状态，这才是真正地拥有"稳定"。同时也只有具备这样的状态，才能保持持续创造财富的能力。

那么怎样才算是用积极的思维和态度为人处世呢？是说我们要多么乐观、多么阳光吗？

事实上，我所说的"积极"并不仅仅指这些，还指一个人不再持续内耗的一种状态。也就是说，在工作和生活中，你不再自我折磨、自我纠结、自我拧巴，不会因为老板一句无意中的话而担心得整夜不眠，不会因为同事的一个眼神担心不已，也不会因为自己犯下的一个小错而难受自责。在面对问题时，能够用最简洁的路径、最简单的思维方式和最善意的角度去看待和解决它。

当然，不是每个人都具备这种能力的，我可以教你三种简单好用的方法，只要平时多加练习，就一定有所改变。

1. 阿卡姆剃刀法

这种方法就是要你斩断那些拧巴的、绕弯的，让你经常纠结得失利弊的东西，还要斩断那些别人对你的误解，或者你认为别人可能误解了你的事情，然后用最直接的路径去思考问题。

比如，你向领导递交一份材料，明明你把材料准备得很详尽了，领导却看了一眼就丢在一边，然后噼里啪啦对你发了一通脾气，让你既伤心又委屈。这时，你可能就会想：领导肯定对我有成见了，领导这是故意为难我。

但是，如果你学会用阿卡姆剃刀法，马上就会改变以上的想法，变成这么想：领导眼下的工作太多，处理不过来，所以着急得发脾气了。

这就是用最直接的路径思考问题。

学会用这种方法剔除杂念，剔除那些影响事物本质的东西，你就能快速寻找解决问题的方法。

2. 黄金圈法则

所有的内耗都源于迷茫，源于对未来的未知、恐慌和抱怨，所以经常内耗的人多半也很焦虑、无助，总是担心一些莫须有的事情发生，如："这个月业绩不好，老板会不会通报批评我呀？""这两天上司看我的眼神儿不太对，会不会要开除我呀？""今年请假的次数有点多，年终奖会不会不给我了呀？""工资一直也不增加，孩子上学的钱不够怎么办呀？"

这些都会造成你极度的内耗，也会让你为此付出巨大的财富代价，因为你越是担心、害怕，就越无法专注工作，工作效率可能就降低，业绩也会受到影响，这是一环套一环的关系。

我在讲课时经常说，我们一定要清理自己的财富卡点。什么是财富卡点呢？就是我们抵挡财富的障碍。任何一种情况的出现，即使是坏事、是逆境，它也是来成就你的，是想让你觉醒的，是为了让你增长智慧、增加能量的。但是，如果你对它充满了抱怨、恐慌、责备，认为它不该出现，那它就会成为你的财富卡点。因为任何人的成功都是在逆境当中造就的，逆境也会让人增长更多的智慧，激发出他更多的创造力，而这一切又有助于提升这个人的能力。当你有了能力之后，你才能够创造财富。

所以，在追求财富的道路上，我们要做的不是为自己设置更多的卡点，而是在遇到任何一件事情时，都能从中找到它的价值。而黄金圈法则就是要你学会找到做某件事的真正意义，不拘泥于别人给予你的定义和价值。比如，在我的学员当中，有很多人的工作是父母托关系安排的，如果你问她："你喜欢自己的工作吗？你在工作中能体会到自己的价值吗？"她们的回答往往是："我父母觉得这份工作稳定，就让我去了。""我爸妈跟这家公司的老总是朋友，就把我送过去了。"但是，这是工作的意义和价值吗？这是别人要你去做的，跟你自己的意义和价值毫无关系。

有一次，一位保险业务员到我们公司，要给我们推荐保险，我刚好没事，就听她简单介绍了一下。等她介绍完后，我就跟她说："你给我们讲了买保险的一大堆好处，那你能告诉我，你这份工作的真正意义是什么吗？"

她顿了一下，结结巴巴地回答说："我……我其实是希望像您这样的人，还有更多的人，能不再为财富发愁。"

很显然，这并不是她发自内心的回答，所以我就打断她说："其实你不如直接说，你就想从中赚点钱，我觉得这个意义更真实。"

她有些尴尬，但也默认了。

不管我们做什么工作，只要你能脱口而出，能从中找出一点它对于你比较纯粹的意义，不论大小，那么这份工作对于你来说就是有价值的，这样的工作也不会造成你的严重内耗，并且才有可能为你带来持续的财富。

3. 课题分离法

人生最"顺溜"的活法是什么样的？是学会接受你不能改变的，只改变你能改变的。但是，很多人的想法和做法恰恰相反，他就是不能接受那些不能改变的，还拼了命地想去改变它，结果一直活在内耗之中。

在我的职业生涯里，遇到过一些特别糟糕的领导，他们不专业、小心眼儿、评价标准混乱、拉帮结派、排除异己，等等，我当时觉得非常痛苦。

但是后来我无意中看到了一本关于如何带团队的书，我突然就明白了，领导有他们自己的课题，能不能成为一个好领导，那是他们的课题，我干涉不了，跟我也没关系。而我能做的就是做好自己的工作，然后利用公司平台尽快成长，当那个平台不能再让我成长时，我就离开，这才是我的课题。

课题分离，让一切清清楚楚、明明白白。

这个方法教会我们什么呢？答案是：坚守自己的本心。

不管是在工作中还是在生活中，都不要试图去改变别人，因为你改变不了任何人。但是，你却可以改变自己能改变的事，那就是改变自己：你以前患得患失，现在你要改变；你以前做事拖拉，现在你要改变；你以前技术不过关，现在你要改变……至于领导、同事怎么想、怎么做，那是他们的事，是你无法改变的，那就不要去改变。

这个方法最大的好处，就是能让你获得属于自己的最佳利益。你坚守自己的本心，不违背自己的意愿，不为别人而活，努力提升自己的各项技能，这可能会让你的身体感到疲累，但内心一定不会累，因为你是按照本心做出选择的，你永远不会内耗，你的生命也会由此得到滋养。当你处于这样的一种生命状态时，你的财富运又怎么会差呢？

全职妈妈也能实现经济自由

很多女性有了孩子后，就慢慢退出职场，做起了全职妈妈。可大多数情况是，你为家庭、为孩子、为老公付出了全部，却换不来该有的认可，原因就在于你没有经济能力，需要手心朝上问老公要钱花。

可见，在一个家庭当中，经济不独立的女人是很难有话语权的，即使你放低姿态，全身心地投入家庭，也很难获得家人的尊重。想要获得家庭地位，想要拥有幸福的婚姻，实现经济自由真的很重要！

但全职妈妈想要赚钱，就不得不面对一个残酷的现实——去工作就无法照顾孩子。那怎样才能在带孩子的同时，挣得一份收入，或者发展一份自己的事业呢？

我也经常被一些全职妈妈问到这个问题，尤其一些妈妈会问我："小渔老师，我好像什么都不会，也没什么一技之长，能做什么工作呢？"

我觉得，这种想法本身就是错误的，记住，不要让工作来挑你，虽然找工作不容易，但也不要随便有一份工作给你，你就要感恩戴德地接受。除非你经济条件极其不好，否则我不建议你这样做。

对于大多数全职妈妈来说，当你想要寻找一份工作，或者想做一份弹性工作时，一定要认真想清楚"我究竟想做什么工作"。别忘了，你的工作会成为你以后生活的一部分，所以在做这件事前，你最好先弄清楚自己的人生目标是什么。而我给这部分全职妈妈的建议是：

1. 找到自己的人生目标

有的全职妈妈跟我说："小渔老师，我的人生目标就是赚钱。"

这个目标没错，但是，赚钱的方式有很多种，你要找到最适合你的那一种才行。这就跟我们吃自助餐一样，吃饱是目标，但你要清楚自己要吃什么和不吃什么。

所以我经常跟这些全职妈妈说，别把自己的目标和欲望弄混了。开豪车、住别墅，这是欲望；要做成一份事业，让自己活得更有价值，这是目标。有时要实现这个目标，你可能还要卖掉豪车、别墅。

与此同时，我们还要把目标订立在自己的能力范围之内，觉得无法实现的就不要考虑了。而且为了让目标更容易实现，你要先设立一个短期的小目标，如"我想每个月有3000元的稳定收入""我想在半年内学会某种技能"等，当你逐渐实现一个个小目标后，你自然就能慢慢找到自己真正的人生目标了。

2. 利用自己的一技之长

有些全职妈妈先天就有做兼职的优势，比如，学财会专业的，在照顾孩子的同时，就可以接一些小企业的代理会计工作，每个月收入也不错；也有些全职妈妈英语特别好，那就可以接一些翻译业务等；还有些全职妈妈会在网上写作、投稿，不但能赚钱，还能提升自信，彰显自己的价值。

在我以前的课程里，有一位全职妈妈就分享了她的创业经验。她在生孩子后，为了更好地照顾孩子，便辞职回家做了全职妈妈。但她平时喜欢做甜品，于是就利用照顾孩子的空余时间做了一些，发到了自己的朋友圈。几天后，有人来找她，表示想买她的甜品。

后来慢慢认识了几个"客户"后，她再做甜品时，就先私信一下对方，问问对方有没有想要的甜品，她再根据对方的需求来做。

等孩子上幼儿园后，她的时间就更加充裕了，便在家门口附近开了一家甜品店，靠着之前积累的人气，以及后来加入的客户，小店盈利还很不错。

其实全职妈妈只要善于挖掘，就能发现自己的天赋或找到自己擅长的事情。在考虑自己的技能、天赋和知识水平后，你就能够根据自己所擅长的、感兴趣的，来创造自己的收入。

3. 设定好工作与生活之间的界限

对于很多全职妈妈来说，不管是自主创业还是发展副业，时间管理都是一大难题。如果花太多时间在事业上，就会忽略家庭和孩子；如果太重视家庭和孩子，又没法全身心地投入工作，总之很难在工作和生活之间找到平衡。怎样才能解决这个难题呢？我认为关键就在于要设定好两者之间的界限。

我们常说"人生不设限"，但时间就不一样了，倘若你不设定好时间界限，工作就可能会慢慢侵占你的全部生活。所以，我建议你认真衡量一下，在工作上投入多少时间才最合适，也就是既不影响家庭生活和照顾孩子，又能让自己有一份比较稳定的收入。一般在孩子较小时，照顾孩子是最主要的事，这时你花在工作上的时间不应太多；等孩子稍大一些，如上幼儿园后，你白天有了时间，就能在工作上多投入一些精力了。

总而言之，赚钱的方法非常多，对于全职妈妈来说，束缚你的通常并不是家庭和孩子，而是你是否明确自己的赚钱能力究竟在哪里，以及自己为什么要赚钱。与此同时，你还要明白一点，真正的经济自由并不是说你要赚更多的钱，追求事业成功，甚至为此牺牲掉家庭，这就得不偿失了。赚钱是利用自己的天赋和技能去影响自己的家人，让家人生活得更好，让自己的生活更幸福，千万不要本末倒置。

后记：余生，请做回真实的自己

——解读人性，疗愈人心，认识自己，绽放生命

历时近一年的整理和修改，这本书终于完稿了。现在看到它，就像看到自己的孩子一样亲切，因为它凝聚了我的心血，也凝聚了我对自己前半生的人生总结。我现在常常会想象，我的读者朋友们拿到这本书、翻开这本书、阅读这本书时，会是怎样的状态？又会从中得到怎样的收获？如果能帮助她们学会真实地面对自我，在人生的各种关系中学会自我保护、自我觉察、自我修复和自我疗愈，那么我出版这本书的初衷就达成了。

在我的地面课和培训课上，有太多的女性由于各种原因、各种关系而无法感受到幸福，这也使得她们变得委屈、爱抱怨：抱怨工作，抱怨家庭，抱怨老公，抱怨孩子，她们无法很好地接纳自己，做回自己。如果你问她，"既然工作不开心，为什么不辞职？""既然跟老公关

系紧张，为什么不想办法去修复？"她们总有各种各样的借口，"我老公不让我辞职。""我还要还贷款。""我对这份工作已经习惯了。"或者"凭什么让我先低头？""明明是他的错，凭什么要我改？"。

我经常跟这些女性朋友说，不要经常喋喋不休地抱怨别人，也不要抱怨自己，因为抱怨对于你来说只是一种内耗和自我攻击，也只会让你的怨气和不满越来越多，这于你自己、于你和家人的关系、于你的个人幸福没有丝毫好处，反而还可能恶化关系，让你离幸福越来越远。倒不如带着一份好奇心，把你所经历的种种当成是对人性的一种探求，或者把这份经历当成是找到真实自我和唤醒自己内心智慧、完成自我使命的一种助力。也就是说，把这样一种自我伤害的模式转化成一种为己所用的利己模式，通过转化，让自己获得成长的助力，让自己因此而变得更好。对于女人来说，最大的挑战从来不是没有遇见幸福，而是在遇见之后，还能以独立的自我屹立在各种关系当中，刚柔并济，活成一束光的模样，既无愧于自己，也能滋养他人。

我们任何一个人，来到这个世界都不是为了体验痛苦的，而是为了找到自己的使命，找到自己真实的身份。在我看来，人生是可以分为五个层次的，在不同的层次中，每个人都有他不同的使命和价值，而在当下所处的层次中活好自己，活出自己的价值，才是你最应该做的事，也是你改变自己最强大的动力。

第一个层次：生存状态

我们说，女人的幸福是要拥有幸福的生命，但如果没有幸福的生存状态，又何谈幸福的生命呢？所以，处于这一层次或维度的女人往往都活在得失之中，内心经常处于匮乏状态，处于"不能拥有"的状态，因而也极度渴望获得成就，渴望通过成就来证明自己。就像有些女性经常会问我："我怎样才能让我老公更爱我？""我怎样才能拥有更多的财富？"这都是一种内在匮乏的表现，因为"没有"，所以更想获得；因为一直都在依附他人，所以也只想着别人让自己做什么，而不是想着自己如何引领他人，自己能改变什么、创造什么。这种跟随和复制，永远都会让你处于一种受苦的生命状态之中。

生命的富足从来都需要先有"有"的状态，然后才能让人感受到幸福和富足。当一个女人觉得自己"有"，那她在面对任何事情时，才不会再在生存的得失中徘徊，而是会抱着一种好奇、探索和了解自我的状态，去做一些事、结识一些人、处理一些关系，并且会在这个过程中不断地创造爱、给予爱，让自己获得一份富足的人生。

第二个层次：分享状态

我们怎样确定自己是否处于一种丰盛、富足的状态呢？很典型的一点就是，当你跟他人接触，当你去学习、去成长，当你去进行社会交往时，你不再是恐惧、匮乏的状态，也不再想从他人身上获得什么，而是想怎样通过这些方式更好地了解自己，自己能给他人带去什么，能向他人分享些什么，能创造些什么。

生命的本质就在于分享，分享也能够带给一个人力量，让一个人变得圆满、自足。而想要分享，首先你必须是处于"有"的状态，然后才能把你的"有"分享给他人，从而引导他人、吸引他人，让更多丰盛、富足的人来到你身边，以及让所有能给你带来丰盛、富足、美好感受的人和事物出现在你的生命之中。也只有当你凡事都处于"我已经有了什么"或"我足够好了"的状态时，你才会被生活给予更多，才会收获真正的幸福。

第三个层次：选择状态

在我的个案中，经常会有人跟我说："小渔老师，你怼人太厉害了，有时简直让人无法接受。"但是，我从来不认为我的这一特质是缺点。

我们常常说"某某是我生命中的贵人"，那么什么样的人才是真正的贵人呢？

我认为，贵人可以分为两种：一种是直接帮助你的，另一种就是想要"摧毁"你的。第一种贵人，他会给你很多帮助，让你的生活锦上添花，这自然值得感恩；而第二种"摧毁"你的人，却是来打破你的固有认知，帮助你更好地认识自我、提升自我的人，这样的贵人就属于雪中送炭的贵人。

而我，就属于第二种。虽然我怼人很厉害，但我能把这种行为变成利他的价值，使对方通过被我"怼"而找到真实的自我，看清自己在这个世界上真实的使命。这样来看，你还认为我"怼人"是不对的吗？

在这个世界上，永远都没有所谓"三观相合"的人，只有互相包容的人；也没有完全同频的人，只有互相尊重，互相理解的人。所以，我们在处理各种关系时，要先拎清自己，即使听到别人说出来的话与自己三观不合、维度不同，也要愿意选择去包容对方、尊重对方，并能够把那些别人不认同你的地方转换为自己的价值优势。这时，我们才不会在意他人的恶意评价，从而活出自己的风采。

第四个层次：身份识别状态

现在有很多女性，尤其是全职妈妈，经常处于一种痛苦、纠结、被家人轻视的状态，她们不知道如何面对自己的生活，也不知道怎样改变这种状态。

我想对这类女性说，要想改变现状，你必须先认清自己在家庭中、在社会中，甚至在自我认知中的身份角色是什么。

举个例子来说，现在有很多全职主妇，每天为老公、孩子洗衣做饭，照顾一家人的饮食起居，任劳任怨，但是，家里人却根本不拿她当回事，完全把她当成了免费保姆，老公对她各种挑剔，孩子对她各种不满，导致她的价值感完全丧失，由此也生出很多的抱怨，更不要说有幸福感了。

为什么会这样呢？就因为她没有搞清楚自己的身份角色。

我在本书中一直强调一个观点，就是婚姻相当于两个人"合伙开公司"，夫妻之间是"合伙人"关系，"合伙人"怎么能把自己当成保姆呢？

同样，妈妈在养育孩子的过程中，对孩子应该是鼓励和陪伴的，但你却把自己变成了监工的角色，每天监督孩子这样做、那样做，又怎么能不与孩子发生冲突呢？

这种身份识别的混乱，势必会导致各类矛盾的出现，也让我们距离幸福越来越远。要想摆脱这种状态，我们就必须认清自己在家庭、在社会上的身份，然后扮演属于自己真正身份的角色。在做任何事情时，也要以符合自己身份的姿态去做，这样才会获得尊重和认可。

第五个层次：回归状态

法国作家左拉曾经说过："生活的全部意义在于无穷地探索尚未知

道的东西，在于不断地增加更多的知识。"

我相信，很多女性朋友在生活中都会经常叩问自己的内心："这样的生活是我想要的吗？我对自己的现状感到满意吗？若干年后，我会对自己现在的生活状态感到后悔吗？"

一个人来到世间，原本就是来探索的，探索自己的价值，探索生命的不同状态，而这个过程也在不断丰盈着我们的人生。但是，我认为，人应该回归到自己最真实的状态，让自己真正地回归自然、回归本心，因为本心才是我们做一切事的根源和动力。

我们常说，人的一生是有定数和变数的，而人唯一的意志，就是对于已然发生的事实充分地接纳，并能从中找到恩典，读到人生的智慧，拥抱那个不完美的自己，学会接纳完整的生命，学会看到自己的美好和人性的光芒，照见自己的人生中所发生的一切。对于所有的过往，都能把它们当成是自己生命的一部分，就像对待快乐与幸福一样去善待它们，就像追求完美一样去追求完整，这样，我们就能拥有幸福的人生。

至此，这本书就要结束了，最后我想再问亲爱的朋友们一个问题："余生，你究竟想要成为什么样的人？你想过上什么样的生活？"请你给出自己的答案，并一辈子笃定，铭记于心。有一天，这颗种子定会生根发芽，长出智慧的果实，助力你的人生真正走向幸福和光明。

学员推荐

1. 学员爱倪

很开心也很感谢有这样一个机会，在这里和大家坦诚相待地分享我一路走来的学习心路历程。我是一个"90后"未婚女孩，在北京自主创业，从事健康营养管理方面的工作，也是营养餐饮店的店主。

我由于心灵上受到了很大的创伤接触到了小渔老师分享的课程的。

在这之前，不妨直言，我在感情上也经历过很大的挫败。在青春年少时不懂感情，却踏入了感情中，在与对方的相处中，我们之间出现了很多的矛盾和争吵，彼此在心理上精疲力尽，最后的结果是不欢而散。等到真正失去时，我才发现我失去了我认为最爱的人，并困在过去的感情里，经历了3年多的时间都没有走出来。我不明白我们为什么会出现问题和摩擦，明明心里在意对方，最终却还是远离了彼此。

学习了小渔老师的情感课后，我才明白到底是为什么，也觉察到自己总想从对方身上要很多的爱，要求对方懂我，极度缺乏安全感，却不知道对方真正需要的是什么。

听了小渔老师所分享的情感经历后，我记得很清楚，她说第一重要就是"你对自己有清晰的认识吗？自己的边界是什么？"。说实话，自己当时是不了解自己的，也不懂如何察觉。后来，老师又分享了男人和女人的区别在哪儿，她说男人和女人在思维上是有差异的，男人是聚焦灯，女人是散光灯，男人是结果型的，而女人更注重过程和感受。老师还说男人天生是不懂表达爱的，是需要女人一边去阐述一边去引导的，这对我启发很大，让我顿时明白了为什么以前我总觉得对方不懂我，其实我压根儿也不懂对方，只会一味地拿自己的标准去要求对方。

小渔老师让我更加触动的是，她告诉我"唯真知方真爱人"，我对这句话的理解是只有真正知道、了解对方的需求，并由此出发去对待他、去爱他才叫真的"爱人"，对自己而言，真正地了解自己的需求是什么，也才是真的爱人。我自己也确实逐渐感受到，在感情的世界里，唯真知人，方知真的爱人。说到这里，我也很欣慰自己有了答案，有了一个新的成长，无论在情感的世界里会经历些什么，我都愿视其为成长的一份特别的"礼物"。

通过这一年和小渔老师的接触，我现在已经慢慢地释怀了，慢慢地认识了自己、了解了自己、察觉了自己，努力去做好一个新的自己，对自己也有了一份接纳，一份耐心，一份温柔的爱心。最重要的是我现在敢于做真实的自己。我懂得了感情幸福与否，是要靠自己来把握的，主动权是在自己手里的。

对于感情，我变得更加自信了，因为正如小渔老师所说的，"你知道的越多，你的恐惧就越少"，我正随着时间的推移，逐渐地成长为我所希望的模样……

分享到这里，我还想再多说几句，女人一生要扮演很多角色，每个角色都不容易，请永远记得先活好自己，做内心那个你期望成为的自己，而不是为了谁而活，要为了自己好好活出属于自己的精彩，只有这样，身边的一切才会围绕着你变得更好。

很期待小渔老师的新书，一本为女性幸福而写的书，愿老师的书能被分享到每一位女性朋友的手中，让她们能够轻松、自如地开启自己探索幸福的一生。

2. 学员上善若水

大家好，我是上善若水，一直都在经营电脑生意，到现在已经15年了。跟随小渔老师学习有2年多的时间了，学习了小渔老师很多课程，特别是情感课程，我真的是受益匪浅，和老公的感情一路飙升，懂得了如何经营夫妻感情，读懂了老公的情感诉求，明白了如何才能与老公更好地相处，从以前那个很强势的女强人变成了一个内心坚定、外表温柔的小女人，被老公宠成了公主，他越来越爱我了！在老师的情感课程里，我学会了很多夫妻相处的方法，学会了怎样控制好自己的情绪，我的情绪稳定了，家庭的氛围也和谐温馨了，孩子放松了，学习也进步了，我和老公的夫妻关系也融洽了。每当我又遇到不开心的事时，我就会很快地转念止念，自己来疗愈自己，觉察自己情绪背后的原因。

小渔老师是唤醒我的那个人，让我拥有了一双能够发现生活的美好的眼睛，让我能够感受到自己是被爱的，让我活出美丽绽放的自己，进而去照亮他人。小渔老师让我们很多学员都收获了精神上的丰盛、富足和喜悦，夫妻关系、亲子关系、事业、财富等也都获得了很大的改善与提升。感谢小渔老师，她像一盏明灯一样，照亮了我们前行的道路，我相信我的人生一定会越走越好！

3. 学员宝儿

大家好！我是宝儿，是两个孩子的母亲，也是小渔老师的一名学员，曾从事销售工作，跟随小渔老师学习已有近一年的时间。

在这一年的时间里，我上了小渔老师的"亲子训练营""情感读心术""小渔性福说""财富课""疗愈师课"等全部课程。在学习之前，在和老公14年的婚姻历程里，我曾经焦虑、狂躁、动不动就发火、追求完美、眼里容不得一点沙子，看老公和孩子哪儿哪儿都不顺眼，经常用语言攻击老公、攻击孩子，还攻击自己，总觉得婚前和婚后的生活，尤其是有了两个孩子之后，区别是如此之大，还有很重的比较心，甚至曾经不止一次有过离婚的念头。但很幸运，2020年我遇到了小渔老师，她让我的旧有观念彻底被颠覆了，后来，我又找小渔老师做了亲子、情感、财富个案，更是刷新了认知。我会永远记得小渔老师曾经告诉我的，"男人和女人本来就是两种不同的动物，夫妻双方婚前、婚后的情感价值就是有很大区别的。婚姻是促进社会发展进步，两个人一起生活所达成的合法结合和契约，从情感层面讲，是两个人共同成长，从精神层面讲，是两个人为了共同的目标彼此滋养，彼此成就，你要把老公看成一个独立的个体，允许有差异，要求同尊异，明白'他就是他自己'，也许你老公也不知道该怎么面对你，不知道你内心怎么想，他不知道该怎么做才能让你满意，或是说他做得再多，你也不满意"。小渔老师一下就说中了我的痛点，让我有了觉察，其实老公的行动加结果，就足以说明他已经很爱我了，可我还在吹毛求疵。我慢慢地学习老师课程背后的思维，刻意练习、落地老师教的方法，从知道做不到，到知道、做到、悟到，能读懂老公、孩子行为背后的真正原因，能读懂人性，我便也不再强求控制，从此我眼里的老公、孩子都是美好的，一家人的关系彻底改善，变得越来越好。

是小渔老师唤醒了我，让我遇见了一个全新的自己，让我更加明白、了解自己，我现在也已然活在了当下，活在了丰盛、富足里。早已得知小渔老师年底将出新书，我内心充满了对小渔老师的祝福和爱，祝小渔老师新书大卖！我会把这本新书推荐给广大的女性朋友，顺祝天下所有的女性朋友，能和我一样，活在每一天的美好与丰盛、富足里！

4. 学员兰兰

我是小渔老师的学员兰兰，也是一名精神科医生。几年前，因为我跟孩子的关系闹得很僵，经朋友介绍认识了小渔老师，找小渔老师做了个案。当时就被小渔老师的大智慧深深地折服了，随后跟着小渔老师一路学习，学习了她的"亲子课""读心术""催眠减肥课""健康课""财富课"等课程，特别是小渔老师的"情感课"，让我受益匪浅，对我的亲子关系、家庭关系，以及工作关系都有非常大的帮助，它让我懂得了人性，能从更高的维度、用更大的思维格局去看待问题。以前我是一个特别害怕冲突的人，不敢真实地表达自己，特别在意别人的眼光，而且还特别依赖别人，一遇到问题就会选择逃避，所以在生活中常常会让自己陷入困境却不自知。在跟小渔老师学习了以后，我越来越独立，也越来越自信，越来越敢于真实地表达自己，越来越敢于面对真实的自己。

小渔老师告诉我们，问题不是问题，关键是我们如何面对和解决问题，她的方法实操性很强。通过学习小渔老师的课程，我学会了以积极的方式去面对和解决问题，做自己目前能够做的事情，做一个思想真正独立的、有力量而且有爱的女人！现在的我活得越来越通透了，也更理解小渔老师课程里各种思维的精髓了，我的亲子关系、情感关系，甚至工作都越来越好、越来越顺了！听说小渔老师的新书要出版了，我特别开心，在此也非常真诚地祝愿小渔老师的新书能够大卖！同时希望更多的女性朋友能看到这本书，也祝福天下所有的女性朋友都能从此获得幸福，活出自己真实、喜悦、幸福、美好的样子！

5. 学员小龙女

我是一名"85后"的妈妈，自己创业，一直身处传统行业，从事工程设备方面的工作，儿子今年8岁了，在新冠肺炎疫情期间，我跟他每天都在一起，却发现彼此之间矛盾很多，我越想控制孩子，孩子就越反抗，也使得我们的关系比较紧张，我自己也感觉很受挫。在一次公益课中，听到了小渔老师的分享后，我果断报名了老师的个案，学习了"情感课""亲子课"等多个课程。

听了小渔老师的情感课后，我有很多的感悟，也深刻认知了人性，了解了情绪背后的需求，变得不再执着于争论对错、好坏，而是能够真实、全面地看待关系，不再对别人进行道德绑架，也不再追求完美，对自己也有了更深的觉察，遇到问题时也能积极地诠释，用学习和成长的视角来看待它。

伴随着学习，我活得更加自由、真实、有力量了，跟父母的关系也更融洽了，以前总是想要证明自己是孝顺、优秀、值得被爱的，却不了解父母内心的需求，总是觉得自己付出很多，可别人还不说自己好，也因此产生了很多委屈、压抑、受伤害的情绪，但通过学习课程，这些都一点一点地被释放了。以前的我不敢真实地表达自己，害怕别人不接纳自己、不能理解自己，对人不信任，缺乏安全感，现在这些也都有了很大的改变，我的身体越来越健康了，人也变得更年轻、有活力了，幸福感很强。

在对待孩子方面，我也有了更多的耐心、更加包容，逐渐放下了对成绩的焦虑和恐惧，变得更加注重孩子的生命状态和心理能量。之前觉得养孩子、教育孩子很累、很疲惫，现在却感觉很有趣，我很珍惜孩子带给我的成长和觉醒。孩子的智慧往往是超出家长的认知的，我们必须学会放下父母的身份去欣赏孩子、发现孩子、了解孩子，我们越放松，孩子也会越开心、越绽放。

小渔老师的情感课真的颠覆了我之前的认知和经验，让我变得更加自信、幽默、有智慧、有魔力，也更享受"女人"这个身份。

最后，我也想把我学习的心得分享给大家，那就是女人的成长和改变会影响一个家庭的幸福，影响一个孩子的未来，学会情感沟通是女人必须完成的功课！

6. 学员小芳

　　我是小渔老师的学员，目前的职业是大学老师，跟随小渔老师学习有一年多的时间了，上过小渔老师的"亲子线上训练营""情感训练营""财富翻转"以及"生命密码"等课程。

　　在跟随小渔老师学习之前，我的婚姻生活走过了8年的时间，刚好到了一个瓶颈期，与丈夫之间感情淡漠，矛盾频发，一度让我感觉非常痛苦。直到我听了小渔老师的情感课，才让我的婚姻和情感生活又重燃热情。小渔老师在课程里从人性的角度剖析男性的心理特征和行为需求，讲得非常透彻，同时也讲了很多夫妻之间的相处之道，道、法、术、器面面俱到，非常实用。在小渔老师的课程里，我最大的收获就是自己心态的改变，以及思想格局的提升，我不再抱怨、指责和评判丈夫了，而是懂得了求同尊异，懂得了感恩和欣赏丈夫，懂得了如何更好地去爱对方，在这个过程中我也真切地感受到了丈夫对家庭的付出及对我的爱，感受到了我自身力量的提升，这让我又重新找到了幸福的感觉。得知小渔老师要出情感书了，真的非常开心，祝小渔老师的书籍大卖，真心希望女性朋友们都来读小渔老师的这本书，找回本自具足的爱与力量。